AF598210

Déconstruire pour rayonner

Carole Cappuccio

Déconstruire pour rayonner

Roman

ISBN : 979-10-422-1499-9

Préface

Au fil des années, nous remplissons une valise, sans même réaliser tout ce qu'elle peut contenir. Puis, un jour, elle devient tellement lourde que nous avons du mal à la porter. Nous tentons de la traîner encore un peu, mais à un certain moment, nous finissons par nous asseoir dessus, en attendant qu'un événement ou une personne vienne nous aider à la vider ou à la porter. D'autres décideront de commencer à la vider, et de se débarrasser de ce qui ne sert plus, de s'alléger. C'est le début de la libération. Peut-on vider complètement notre valise au cours d'une vie ? Je l'ignore.

Introduction

Toujours pourvu de la capacité d'écouter et de guider autrui, que ce soit parmi mes amis, collègues ou clients, j'ai cultivé le souhait de devenir coach de vie. Mon objectif était de consolider ma légitimité dans cette démarche. Grâce à cette aisance, au fil des années, j'ai accumulé de l'expérience en interagissant avec autrui, en servant ma clientèle, ainsi qu'en affrontant les défis personnels que la vie m'a réservés au quotidien.

« Enrichie par mes expériences, jalonnées de hauts et de bas, parsemées de joies et de peines, j'avance encore et encore vers le chemin de la paix. Celui auquel nous aspirons tous.

Et c'est grâce à mon propre parcours sinueux que je suis aujourd'hui en mesure de vous accompagner. »

« Comment pourrions-nous transmettre si nous n'avons pas vécu nous-mêmes ? Un sage peut partager ses précieux conseils de sagesse, car il les a découverts, mis en pratique et expérimentés dans sa propre vie. Ainsi, grâce à ses expériences, il peut véritablement transmettre un enseignement authentique. »

Aujourd'hui, je vous dévoile ce livre qui vous offre l'opportunité de découvrir comment échapper à la stagnation dans votre vie, de comprendre vos émotions, vos pensées, et bien plus encore.

Au fil des pages, vous pourrez également explorer des attitudes afin de faire face aux situations que vous rencontrez au quotidien dans votre vie. Bien entendu, approfondir est toujours intéressant, mais vous tracerez déjà un chemin qui, je l'espère, se révélera comme une prise de conscience et une acceptation, vous propulsant ainsi vers l'épanouissement essentiel à notre existence.

Pourquoi ce titre

J'ai choisi ce titre, car déconstruire ce que l'on a érigé sous l'influence ne peut que nous guider sur le chemin de la liberté et, à terme, nous offrir la possibilité de rayonner.

Bonne lecture.

Carole

Partie I

Nous avons tous plusieurs vies dans une vie

Laissez-moi vous partager les contours de mon enfance, de sorte que vous puissiez saisir que, tout comme vous, j'ai vécu d'innombrables épreuves au cours de cette période.

Mes racines proviennent d'un milieu modeste. Ma mère, femme d'une véhémence tant verbale que physique, avait la réputation d'avoir la main un peu lourde. Irritable de nature, ses cris résonnaient fréquemment. Mon père, quant à lui, se tenait en retrait. Il l'appelait la « mégère apprivoisée ». Ainsi, j'ai grandi dans un environnement où la pénurie ne se manifestait jamais sous une forme matérielle, mais où l'amour restait étrangement absent. J'ai souvent eu le sentiment que ma mère ne m'aimait pas, voire qu'elle n'avait jamais souhaité ma venue au monde.

En ce qui concerne ma relation avec mon père, c'était différent. J'ai eu un père aimant, probablement un peu trop protecteur. Alors que ma mère avait tendance à me rabaisser, il avait l'habitude de me mettre sur un piédestal. Il plaçait la barre si haute que cette attitude a fini par me créer des blocages, car je devais constamment répondre à ses attentes élevées. C'était un véritable défi. Que ce soit l'un ou l'autre, je ne pouvais jamais être simplement moi-même. Il fallait être ce qu'ils projetaient sur moi.

Mes années de croissance ont été marquées par une certaine solitude, même si j'étais entourée de camarades d'enfance. Un sentiment d'absence d'affection et de rejet m'habitait, et mes actions étaient souvent sujettes à des interrogations. De manière paradoxale, j'ai toujours possédé une perspicacité prononcée et une capacité d'observation aiguisée à l'égard de mes parents, des différentes situations, et des moments de colère.

Il se pourrait que j'aie eu la capacité de faire face à ces accès de fureur ou à des comportements inadéquats. Si ma mère était encore parmi nous, elle vous dirait sans doute que j'étais une enfant difficile. Face à ses déficiences en matière de compréhension et d'affection, plusieurs examens, tels que des électroencéphalogrammes, ont été entrepris pour élucider mon comportement.

Que cherche-t-elle à obtenir à travers de tels actes ? Probablement une justification médicale à mes comportements, bien que les siens envers moi en étaient la source. Pour elle, il était plus simple de présumer que je devais certainement présenter des déficiences mentales.

Ces circonstances ont laissé une marque sur mon parcours et ont joué un rôle fondamental dans le développement de ma manière d'appréhender la vie et de gérer les défis qui se présentaient.

Le temps a laissé son empreinte, et mon adolescence s'est déroulée dans un environnement quelque peu complexe, marqué par les disputes parentales persistantes et la continuité de cette violence. Pendant des années, elle a inlassablement jeté sur moi des reproches, m'attribuant une parenté tordue à mon père, insinuant que j'étais alcoolique et me qualifiant de paresseuse à l'instar de ma grand-mère paternelle.

Vous pouvez sans doute imaginer la trame de fond. Tout était empreint de douleur.

Pourtant, je n'ai jamais ressenti de peur à son égard malgré ses comportements perturbants.

J'ai toujours été animée d'une force extraordinaire, une force qui m'a préservée. C'est probablement ce qui m'a préservée et empêchée de succomber face à ses tendances perverses.

Il est aisé de comprendre qu'elle-même avait été la victime de comportements répréhensibles, venant de la part de sa propre mère. Une répétition de schémas était en jeu, le legs d'une histoire de douleur et de dysfonctionnement s'étendant de génération en génération.

La libération a eu lieu après le divorce de mes parents. J'ai eu la chance qu'elle retourne en France, car nous vivions à l'île de la Réunion. J'ai donc été élevée par mon père. Ouf, une vie plus sereine s'est mise en place. J'ai bénéficié d'une éducation totalement différente de celle de ma mère.

Mon père était un homme d'action, public, doté d'une personnalité très forte, ce qui était parfois trop à mon goût. Il était bienveillant dans ses conseils, sa sagesse, et sa compréhension à mon égard. Il s'absentait souvent sans que je sache vraiment pourquoi, probablement en raison de son implication politique sur l'île. Quoi qu'il en soit, j'ai souvent ressenti de la honte face à ses comportements extravagants. La surveillance constante en son absence, qu'elle vienne de lui ou d'autrui, était difficile à vivre pour moi, car je ne me sentais jamais véritablement libre de…

Le temps a suivi son cours, et j'ai traversé un certain nombre d'années à ses côtés. Une forme de libération. Cependant, les séquelles étaient déjà présentes. À cette époque, l'accès aux ressources en développement personnel n'était pas aussi répandu, voire inexistant. Bien sûr, il y avait des thérapeutes, mais je les évitais constamment. Je doutais qu'ils puissent réellement me fournir la solution que je cherchais.

Les années ont passé et j'ai contracté un mariage, mais hélas, c'était voué à l'échec, car mes motivations étaient erronées. Ce mariage, je l'avais forgé pour démentir les accusations de ma mère concernant ma véritable nature. Pourtant, au milieu de cette histoire, il y a une lueur d'espoir : une fille merveilleuse est née de cette union, qui est devenue la source de ma résilience pendant des années, et qui continue de l'être. C'était enfin un être qui dépendait de moi, qui avait foi en moi, et que j'aime plus que tout au monde.

Quelque chose en moi résonnait, me montrait la voie et me guidait. J'étais peut-être enchaînée par mes souffrances, mais je voulais qu'elle, ma fille, connaisse le bonheur. Ainsi, j'ai consacré toute ma vie à lui offrir, dans la mesure de mes moyens, ce qui était le meilleur. Cependant, ce dont je parle n'est pas simplement matériel. C'est le lien que l'on doit tisser avec nos enfants, basé sur la confiance, l'amour, le respect, la tolérance, l'échange, et bien d'autres éléments essentiels.

Les années se sont écoulées, chargées de mes bagages, de mes souffrances, comme cela peut être le cas pour beaucoup d'entre vous. Cependant, en aucune circonstance n'ai-je fléchi. J'ai toujours entrepris de chercher la compréhension, que ce soit au travers des livres, des voies spirituelles ou la prière. J'aspirais à saisir ce que, au plus profond de moi, je savais déjà. Il était impératif que je trouve les moyens de faire émerger cette vérité libératrice, cette acceptation qui mènerait à lâcher prise, à abandonner ce qui entravait mon évolution, entravait la construction de ma vie, et ralentissait ma propre croissance.

Les rencontres que j'ai faites m'ont appris et enrichi. En complément, j'ai toujours été une grande lectrice, explorant de nombreux livres axés sur la spiritualité, qui sont le berceau du développement personnel. La spiritualité en est le moteur.

J'ai fini par découvrir la voie pour y parvenir.

Puis, au fil des années, j'ai pris conscience et trouvé un épanouissement particulier dans la transmission de mes expériences et ma compréhension aux autres, comme si, quelque part, je désirais les affranchir de leurs souffrances. Cependant, j'ai également saisi que je ne pouvais pas être le sauveur du monde. Chacun de nous doit avoir la volonté de s'aider soi-même. Même si vous avez besoin d'assistance pour y parvenir, l'essentiel est de le comprendre et de l'entreprendre. Il n'est jamais trop tard. Souvent, lorsque je réfléchis à mon parcours de vie, je me dis que si j'avais disposé de tous ces outils, j'aurais pu me libérer bien plus tôt.

Mais il n'est jamais trop tard.

Je n'ai jamais ressenti le besoin de me plaindre de mon schéma de vie ni de mes souffrances, et je n'ai jamais vraiment raconté en détail mon parcours. Vous pourriez vous demander pourquoi. En réalité, malgré les épreuves que j'ai traversées, j'ai su trouver en moi la force de guérir, et raconter tout cela ne me semble pas essentiel. C'est pourquoi je survole rapidement ma vie et mon parcours. C'est pourquoi je choisis de vous partager les moments importants de mon vécu, afin que vous puissiez comprendre que l'essentiel n'est pas de s'attarder sur le passé ou de se considérer comme une victime. L'essentiel se trouve devant nous, dans la construction que nous désirons pour nous-mêmes. C'est un choix individuel.

Vous avez le choix : soit vous continuez à avancer sans vous retourner, soit vous stagnez en attendant je ne sais quoi pour vous sauver.

Ce que je retiens après une vie chaotique, c'est que de ma mère, j'ai conservé un souvenir sombre : une femme dépourvue d'amour, manipulatrice, dominante, remplie de haine envers sa propre vie et envers les autres. En somme, une femme à laquelle je ne voulais surtout pas ressembler.

De mon père, je garde de bien meilleurs souvenirs. Sa liberté, sa force, sa bienveillance, son amour pour la vie et les voyages, ainsi que son soutien autant qu'il le pouvait. Pas de conflits, mais plutôt de la confiance et de la responsabilité.

L'éducation et les comportements de mon père ont marqué mon parcours, bien que j'aie progressivement réussi à me libérer de certaines habitudes qui lui étaient propres et avaient eu une influence sur moi. Aujourd'hui, je conserve de lui quelques fragments, que j'ai agrémentés de ma propre essence. C'est ainsi que je m'affirme chaque jour davantage dans ma propre réalité.

Pourquoi sommes-nous traversés par plusieurs vies au cours d'une seule existence ?

La réponse réside dans le parcours que nous empruntons depuis notre naissance jusqu'à notre adolescence, puis à l'âge adulte. Ces étapes nous font vivre des moments intenses, des évolutions profondes. En nous-mêmes, une transformation s'opère, un changement s'amorce. Mais qui devenons-nous réellement au final ?

Au commencement, nous nous façonnons en une personne qui peut sembler étrangère à notre véritable essence. Cette personne est en grande partie influencée par les comportements parentaux. Qu'ils soient positifs ou négatifs, ces comportements tracent notre chemin vers un destin que nous ne choisissons pas pleinement. Les choix qui s'offrent à nous sont en quelque sorte murmurés à notre oreille par nos géniteurs.

Notre libre arbitre est une réalité, et comprendre cela est essentiel. Souvent, nos choix sont influencés par le désir de ne pas décevoir nos parents, que ce soit dans nos relations affectives ou nos orientations professionnelles. Ce processus inconscient engendre des lacunes en nous.

Pourquoi ? Parce qu'il y a une dualité inconsciente entre les attentes extérieures et nos propres désirs. Très peu d'entre nous parviennent à affirmer leur propre volonté face aux désirs familiaux. C'est pourquoi vous pourriez rencontrer des individus malheureux, non épanouis, semblant être des duplications des schémas familiaux.

D'autre part, il y a les rebelles, les délinquants, qui expriment le mal-être familial. Si leur environnement familial est en échec, cela peut les pousser dans la même direction. Cependant, le drame réside dans le fait qu'ils pourraient finir encore plus mal que leurs parents, car l'évolution de la société et les libertés acquises ont engendré des réalités malheureuses qui touchent malheureusement le quotidien de nombreux individus.

L'idéal serait que les nouveaux parents fassent preuve d'une plus grande conscience et qu'ils permettent à leurs enfants de s'exprimer dans leurs choix. Un parent ne devrait pas imposer un chemin prédéfini ni projeter ses propres aspirations sur ses enfants. Le rôle parental devrait être celui d'un conseiller, d'un guide spirituel, guidant l'enfant avec amour et confiance dans son propre cheminement. Il devrait les aider à découvrir qui ils sont.

Ce parcours d'émergence demande un travail constant tout au long de la vie, mais il est gratifiant. C'est un processus qui implique de se débarrasser des couches de conditionnements pour finalement faire naître progressivement notre véritable essence. Chaque étape est une avancée vers la lumière, vers la découverte de soi.

L'émergence de notre vie

De nos jours, grâce à l'abondance de méthodes et à l'ouverture spirituelle croissante, l'émergence intérieure se manifeste de plus en plus tôt dans la vie. Cela entraîne également de nombreuses personnes de différents âges à chercher cette libération profonde et à poursuivre leur quête de découverte de soi.

Cette révolution intérieure entraîne fréquemment des conflits entre différentes générations. En effet, il n'est pas toujours facile d'accepter de voir un enfant que l'on a élevé devenir une personne différente de ce que l'on imaginait. Ce processus peut engendrer des frustrations, des déceptions et bien souvent des reproches du genre : « Après tout ce que nous avons fait pour toi, comment oses-tu nous parler ainsi ? » Ou encore : « Tu n'aimes pas tes parents, tu nous fais souffrir. » C'est une situation complexe, car les parents ont tendance à faire peser une certaine culpabilité sur leurs enfants, alors qu'il est important de reconnaître que chacun a le droit d'être en accord avec ses propres choix et aspirations.

Le chemin de la transformation

« Toutes les méthodes ne sont pas forcément bénéfiques. Il est important de trouver ce qui correspond le mieux à notre être, mais parfois, la simplicité s'avère être la plus efficace.

Comme vous, je suis exposée chaque jour à de nouvelles méthodes vantant la possibilité de décupler notre efficacité au travail, de cultiver une compétitivité exceptionnelle, voire de nous propulser vers une puissance exponentielle.

C'est comme pour les régimes, une nouvelle méthode semble émerger chaque semaine. Si elles étaient véritablement efficaces, nous le saurions. Chasser constamment l'idéal d'une silhouette parfaite est-il vraiment nécessaire ? En réalité, la plupart de ces méthodes semblent être avant tout des entreprises très lucratives. C'est ainsi que le monde fonctionne. »

De nos jours, de nombreuses entreprises embauchent sans même exiger de CV, mais soumettent les candidats à des tests. Quelle frustration de ne pas laisser s'exprimer la magie qui réside en nous, de ne pas offrir une chance à ceux qui possèdent de multiples capacités encore inexplorées. Tout est désormais régulé par les méthodes. Quelle tristesse ! Comment, à seulement 25 ans, peut-on juger de l'expérience de vie, de l'intuition, de la sagesse, de l'ego, et bien d'autres aspects ? Ils appliquent les méthodes.

Ainsi, nous devons souvent nous en remettre à l'enseignement des méthodes, même si cela peut être déconcertant. »

Quoi qu'il en soit, il est essentiel d'exercer une certaine prudence face à ces multiples propositions transcendantes qui vous font miroiter un avenir extraordinaire.

Idéalement, lorsque vous prenez la décision de reprendre les rênes de votre vie, car vous seul en avez le pouvoir, il est préférable de rechercher l'accompagnement d'un véritable professionnel ayant une expérience et une compréhension approfondie. Évitez de vous laisser séduire par de simples discours. Le véritable miracle, c'est vous qui allez le réaliser. Un accompagnement initial, et pour certains, tout au long du processus, est tout à fait approprié. En parallèle, il serait bénéfique de pratiquer la méditation quotidiennement. Elle a la capacité de libérer, d'apaiser et de vous éclairer. Découvrir son moi intérieur est une aventure extraordinaire à la portée de tous.

Vous allez réaliser comment le simple fait de rentrer en contact avec vous-même peut entraîner des changements significatifs dans votre vie.

Partie II
Pourquoi je tourne en rond dans ma vie ?

L'environnement parental

Le comportement de tourner en rond peut être influencé par divers facteurs, dont l'éducation en fait partie. Cependant, il n'est pas strictement déterminé par l'éducation seule. Voici comment l'éducation peut jouer un rôle dans ce comportement :

Modélisation des rôles : Pendant notre enfance, nous sommes souvent des observateurs et imitateurs des comportements de nos parents, de nos tuteurs et des figures d'autorité qui nous entourent. Si ces modèles présentent des schémas répétitifs, il est possible que nous aussi, nous développions ces habitudes.

Attentes culturelles : Les normes et les attentes culturelles jouent un rôle dans notre approche de la vie. Si une culture valorise la stabilité et la régularité, cela peut renforcer les schémas de comportement répétitifs.

Apprentissage des réactions : Si nous avons acquis la conviction que certains comportements sont plus sécuritaires ou plus simples à gérer que d'autres, il est possible que nous ayons tendance à les reproduire, même s'ils ne représentent pas la meilleure option.

Environnement familial : Le contexte familial peut également exercer une influence. Par exemple, un déficit de soutien en faveur de l'exploration et de la prise de risques peut favoriser la perpétuation de schémas familiers.

Attentes parentales : Les attentes parentales concernant ce qui est perçu comme « sécurisé » ou « réussi » ont le pouvoir d'influencer nos orientations dans la vie et de nous inciter à éviter de sortir des schémas familiers.

Résistance au changement : Si notre éducation nous a habitués à considérer le changement comme risqué ou indésirable, cela pourrait nous pousser à éviter de quitter notre zone de confort.

Croyances limitantes : De plus, notre éducation peut aussi contribuer à la création de croyances limitantes sur notre capacité à évoluer ou à changer.

Le sentiment de tourner en rond dans sa vie peut avoir différentes origines. Il peut être lié à une routine monotone, à des objectifs flous ou inexistants, à des choix qui ne correspondent pas à vos valeurs, à des peurs ou des doutes qui entravent votre progression, ou encore à un manque de passion et de motivation.

En situation de déficit de motivation : En cas de baisse de motivation, plusieurs conséquences peuvent se faire ressentir.

Procrastination : Il se peut que vous rencontriez des obstacles pour démarrer des tâches ou des projets, les repoussant ainsi à une date ultérieure.

Baisse de la productivité : Un déficit de motivation peut se traduire par une baisse de votre efficacité et de votre performance dans vos tâches quotidiennes.

Sentiments de découragement : La persistance d'un manque de motivation peut générer des sensations de désarroi et de frustration, pouvant éventuellement remettre en question vos compétences et capacités.

Diminution de l'enthousiasme : Les activités qui vous passionnaient autrefois peuvent perdre de leur attrait et sembler moins captivantes lorsque la motivation diminue.

Impact sur le bien-être : Un manque de motivation peut avoir des répercussions sur votre bien-être global, pouvant conduire à l'apparition de sentiments de stress, d'anxiété et de dépression.

Difficulté à fixer des objectifs : L'absence de motivation peut compliquer la mise en place et la persévérance dans la réalisation d'objectifs précis et importants.

Cercle vicieux : Le manque de motivation peut engendrer un cercle vicieux autoentretenu où l'absence d'action nourrit davantage le manque de motivation.

Le penchant et le contentement à se perdre dans des schémas familiers dans la vie peuvent résulter de divers facteurs psychologiques et émotionnels. Voici quelques points de vue à considérer :

Attachement au confort de la familiarité : La régularité et les habitudes bien connues peuvent procurer un sentiment de sécurité et de réconfort, bien qu'elles puissent également limiter le progrès et la croissance.

Appréhension de l'inconnu : S'aventurer au-delà de sa zone de confort peut engendrer des appréhensions, et choisir des habitudes familières peut être une façon de réduire l'incertitude.

Évitement des défis : L'épanouissement et le changement exigent souvent des efforts et la surmonte de défis. Se cantonner dans une routine permet d'éviter ces situations complexes.

Autosabotage inconscient : Il arrive parfois que s'attacher à des habitudes limitatives puisse inconsciemment constituer une façon de se retenir d'exploiter pleinement son potentiel, peut-être par crainte de l'échec ou de la réussite.

Confort dans le statu quo : Même si la situation actuelle peut ne pas être idéale, opter pour le changement peut sembler plus difficile que de rester dans le statu quo.

Manque d'estime de soi : Le manque de confiance en ses capacités à réussir ou à progresser peut maintenir une personne dans des habitudes familières.

Résistance au changement : Certaines personnes éprouvent une résistance naturelle au changement, préférant la stabilité même si cela conduit à la stagnation.

Pourquoi j'aime me plaindre à mon entourage proche ou éloigné ?

Exprimer des plaintes devant des personnes compréhensives peut découler de divers besoins et désirs psychologiques.

Expression émotionnelle nécessaire : Communiquer vos inquiétudes et vos frustrations peut vous aider à exprimer vos émotions et à réduire le stress.

Quête de soutien : Recevoir de la sympathie et de l'attention de votre entourage vous procure un sentiment de compréhension et de soutien.

Validation émotionnelle : Quand vos préoccupations engendrent une réponse empathique, cela peut valider la légitimité de vos émotions et vous apporter un sentiment d'écoute.

Renforcement des liens : Échanger des moments de vulnérabilité avec d'autres peut renforcer les liens émotionnels et créer une sensation de connexion.

Attention personnelle recherchée : Obtenir de l'attention en exprimant vos préoccupations peut répondre à un besoin personnel de reconnaissance.

Cependant, il est essentiel de trouver un équilibre entre l'expression sincère de vos préoccupations et l'évitement de laisser la plainte devenir une habitude, voire une manipulation émotionnelle envers autrui. Si le flot constant de plaintes commence à affecter vos relations ou à entraver vos efforts positifs pour résoudre des problèmes, il pourrait être bénéfique d'explorer des approches plus constructives pour gérer vos émotions et rechercher des solutions.

Engager une introspection sincère et favoriser une communication directe avec vos proches sont des moyens efficaces pour mieux comprendre vos motivations et trouver des méthodes plus équilibrées pour exprimer vos préoccupations. Si vous constatez que vous avez du mal à briser ce schéma ou que celui-ci a des conséquences négatives dans votre vie, envisager de consulter un professionnel.

La répétition

À chaque étape de notre vie, lors de nos évolutions, nous nous trouverons immanquablement à un carrefour. Différents chemins se présenteront, un, deux, voire davantage. Il s'agira alors de choisir la direction à prendre pour continuer notre progression. À ce moment précis, certains opteront pour la stagnation, préférant demeurer tels qu'ils sont, sans changer de cap, pour diverses raisons.

Les situations où des choix s'imposent sont nécessaires à notre évolution. En refusant de prendre une décision, vous retardez le processus. Quoi qu'il en soit, les situations auxquelles vous avez refusé de faire face à un moment donné se représenteront plus tard dans votre vie.

Imaginez-vous au volant de votre voiture, après avoir entré les coordonnées dans votre GPS. C'est simple, car sans vous poser la moindre question, vous serez conduit(e) à destination.

C'est pareil pour nous tous, nous possédons un GPS intérieur qui fonctionne très bien si nous savons l'écouter et le suivre. Il nous dirigera toujours vers la meilleure voie à emprunter.

Si nous demeurons dans notre rond-point à tourner en rond, nous entrons dans un schéma de stagnation.

Le cercle vicieux de la répétition des schémas désigne une tendance persistante où une personne continue à se retrouver dans des situations similaires, malgré les conséquences négatives ou les échecs passés. Cela peut se manifester dans divers aspects de la vie, que ce soit dans les relations interpersonnelles, les comportements, les choix de carrière, les réactions émotionnelles, etc.

Ce cycle peut être difficile à interrompre, car il peut être alimenté par des facteurs psychologiques, émotionnels et comportementaux profonds.

Les éléments clés du cercle vicieux de la répétition des schémas incluent :

Schémas automatiques : Les schémas de pensée et de comportement peuvent s'automatiser et devenir inconscients, ce qui complique la prise de conscience et le processus de changement.

Confort dans la familiarité : Bien que les schémas puissent entraîner des résultats indésirables, le cerveau peut avoir une préférence pour la familiarité et la routine, même si celles-ci sont peu gratifiantes.

Croyances limitantes : Les convictions concernant soi-même, autrui et le monde peuvent façonner la manière dont une personne interagit avec son environnement et la maintenir dans des schémas peu avantageux.

Récompenses temporaires : Bien que les schémas engendrent des conséquences négatives à long terme, ils peuvent procurer des satisfactions ou des réconforts temporaires.

Peur du changement : Le changement peut susciter de la peur, et certaines personnes peuvent préférer demeurer dans des schémas familiers plutôt que de prendre le risque de l'inconnu.

Que peut-il se passer lorsque l'on vous empêche de tourner en rond ?

Voici quelques réactions possibles :

Frustration : Être empêché de réaliser quelque chose peut engendrer de la frustration, car cela peut donner l'impression de perdre du temps ou d'être contraint par des circonstances extérieures.

Agacement : Être pris dans une boucle ou une répétition peut provoquer de l'irritation, car cela peut sembler futile ou peu efficace.

Colère : Lorsque quelqu'un ou quelque chose est à l'origine de cet empêchement, cela pourrait déclencher de la colère, en particulier si la personne se sent contrôlée ou restreinte.

Inquiétude : Se retrouver pris dans des schémas répétitifs peut engendrer de l'inquiétude concernant une éventuelle stagnation ou l'impression de ne pas avancer.

Résignation : Dans certaines situations, une personne pourrait finalement accepter la réalité et renoncer à essayer de modifier les choses.

Il est essentiel de souligner que la réaction dépend de la perception de la situation, de la personnalité, des expériences passées et de nombreux autres facteurs individuels. De plus, les réactions peuvent évoluer avec le temps et en fonction de la façon dont l'individu gère la situation.

Pour sortir du cycle de répétition, il est nécessaire de prendre des mesures concrètes pour modifier vos habitudes et créer de nouvelles opportunités. Voici quelques étapes à prendre en compte :

Prendre conscience : Identifiez les domaines de votre vie où vous vous sentez coincé dans des schémas répétitifs. Reconnaissez les moments où vous tournez en rond.

Détermination : Il arrive que certaines personnes réagissent en cherchant des moyens de contourner l'obstacle et de poursuivre leur avancée malgré tout.

Comprendre les motifs : Explorez les raisons pour lesquelles vous vous retrouvez dans ces schémas. Est-ce par habitude, par peur du changement, par manque de direction ?

Fixer des objectifs : Définissez des objectifs clairs et spécifiques pour chaque domaine où vous voulez éviter de tourner en rond. Avoir des buts vous donne quelque chose à viser.

Sortir de la zone de confort : Osez essayer de nouvelles choses, même si elles semblent intimidantes. Le changement ne peut survenir qu'en sortant de la familiarité.

Changer les habitudes : Identifiez les habitudes qui contribuent à votre comportement de tourner en rond et travaillez à les remplacer par des habitudes plus positives.

Apprendre et grandir : Investissez dans votre développement personnel en apprenant de nouvelles compétences, en lisant, en prenant des cours ou en élargissant vos horizons.

Gérer les émotions : Apprenez à gérer les émotions qui pourraient vous pousser à rester dans des schémas répétitifs, comme la peur ou l'anxiété.

Changer la perspective : Voyez les situations sous un nouvel angle. Essayez de trouver des opportunités dans ce que vous considériez auparavant comme une impasse.

Créativité : L'obstacle peut aussi stimuler la créativité, incitant la personne à découvrir de nouvelles approches pour résoudre des problèmes ou atteindre des objectifs.

Se fixer des limites : Identifiez les comportements qui vous font tourner en rond et fixez-vous des limites pour les éviter.

Demander de l'aide : Parlez à des amis, des mentors ou des professionnels de la santé mentale. Ils peuvent offrir des perspectives et des conseils précieux.

Célébrer les progrès : Chaque petite étape vers la sortie des schémas répétitifs mérite d'être célébrée. Cela renforce la motivation.

Patience : Le changement prend du temps et des efforts. Soyez patient avec vous-même et continuez à persévérer, même face aux défis.

Se libérer du comportement de tourner en rond peut nécessiter du courage et de la persévérance, mais en engageant des actions positives et en restant ouvert au changement, vous pouvez créer une trajectoire plus dynamique et satisfaisante dans votre vie.

La prise de conscience

La prise de conscience peut en effet prendre du temps, et le soutien de votre entourage peut jouer un rôle crucial dans ce processus.

Voici comment votre entourage peut vous aider à prendre conscience de vos comportements et de vos schémas :

Perspective extérieure : Vos proches peuvent souvent voir des schémas et des comportements que vous ne remarquez peut-être pas. Leur perspective extérieure peut vous fournir un point de vue différent et des informations précieuses.

Feed-back constructif : Vos amis, votre famille ou vos collègues peuvent vous offrir un feed-back constructif sur la manière dont vous réagissez à certaines situations ou comment vous vous comportez de manière générale.

Miroir émotionnel : Les émotions que vous suscitez chez les autres peuvent être un indicateur de vos propres comportements. Si vous observez des schémas de réactions émotionnelles similaires chez les personnes qui vous entourent, cela peut signaler des schémas répétitifs.

Questionnement : Votre entourage peut poser des questions qui vous incitent à réfléchir sur vos choix, vos décisions et vos actions. Ces questions peuvent stimuler l'introspection.

Soutien dans le changement : Lorsque vous exprimez le désir de changer certains comportements, votre entourage peut vous soutenir et vous encourager à prendre des mesures positives.

Rétroaction honnête : Des amis proches peuvent vous fournir une rétroaction honnête et sans jugement sur vos habitudes et comportements. Cela peut vous aider à mieux comprendre comment vos actions affectent les autres et vous-même.

Encouragement à l'introspection : Vos proches peuvent vous encourager à réfléchir sur vos actions et à rechercher les causes sous-jacentes de vos schémas de comportement.

Partage d'expériences : Échanger des expériences similaires avec vos proches peut vous aider à réaliser que vous n'êtes pas seul dans vos luttes et à vous sentir motivé à travailler sur vous-même.

Il est important que l'entourage offre un soutien positif et encourageant. Parfois, des dynamiques familiales ou relationnelles peuvent également contribuer à maintenir des schémas de comportement.

Si vous vous sentez jugé, critiqué ou piégé par des schémas de relation négative, il peut être utile de rechercher des conseils auprès de professionnels.

Voici un échange avec une cliente que nous appellerons Sylvie

Lors de mes rendez-vous avec un client ou une cliente qui partage la répétition ininterrompue de sa situation, sans en comprendre la raison, cela suscite inévitablement de la souffrance et de la frustration. Quand je sollicite mon client ou ma cliente pour qu'il/elle me décrive ce qu'il/elle traverse, voici ce qui revient fréquemment :

Je suis dans l'impasse, malgré tous mes efforts pour opérer un changement. J'ai exploré différentes approches pour aborder le problème, mais je ne vois aucune issue.

À ce moment-là, je suggère à Sylvie de me décrire un rond-point de la manière la plus simple possible.

SYLVIE : Je visualise un rond-point, avec différents chemins, il peut y en avoir plusieurs.

MOI : Pourriez-vous me dire combien de chemins susceptibles de changer votre direction percevez-vous ?

SYLVIE : Deux ou trois.

MOI : que faites-vous dans ce rond-point ?

SYLVIE : Je tourne et je réfléchis à quel chemin emprunter.

MOI : Quelle réflexion pourrait vous amener à choisir un chemin en particulier ?

SYLVIE : Étant donné que je ne vois aucun panneau, j'y vais à l'instinct, au hasard.

MOI : Comment vous sentez-vous à ce moment précis ?

SYLVIE : Je ressens un soulagement d'être sortie de ce rond-point.

MOI : Si je peux me permettre, vous avez pris une décision pour vous libérer du poids de tourner en rond.

SYLVIE : Oui, effectivement, je n'avais pas envisagé les choses de cette manière.

MOI : Et que comptez-vous faire concernant le changement que vous n'arrivez pas à effectuer malgré avoir tout essayé ?

SYLVIE : J'ai compris, je dois prendre une autre direction, et me laisser guider par mon ressenti, par mon instinct.

MOI : Donc, vous ressentez la capacité de faire confiance à votre GPS interne, votre horloge biologique, cette part de vous qui communique et que vous n'écoutez peut-être pas assez lorsque vos situations semblent être bloquées.

En conclusion, grâce à l'accompagnement rassurant, Sylvie a rapidement réalisé qu'elle avait en fait la capacité de se faire confiance. La solution était en attente. Le fait d'accepter et de lâcher prise, Sylvie a pris conscience qu'elle avait perdu du temps à se tourmenter l'esprit, à retarder son avancée, et que cette attente lui infligeait une souffrance inutile.

Bien évidemment, cet entretien s'est prolongé afin d'approfondir ses choix, etc.

Lorsque la prise de conscience est là

Lorsque la prise de conscience surgit, vous allez vous poser de nombreuses questions et peut-être ressentir le besoin de vous isoler pour bien assimiler cette nouvelle réalité. Peu importe votre réaction, laissez cette prise de conscience s'installer doucement en vous. Cependant, si le processus s'avère trop douloureux ou perturbant, n'hésitez pas à faire appel à un professionnel pour vous accompagner dans cette démarche de changement.

Identifier vos valeurs et motivations

Apprendre à repérer vos traits de caractère et vos aptitudes. Apprendre à connaître vos motivations profondes et vos valeurs.

* Qu'est-ce qui est le plus important pour vous dans la vie ?

* Que recherchez-vous ?

* Qu'attendez-vous de votre futur métier ? De vos études ? De votre vie sociale ?

* Ces questions qu'il faut souvent se poser vont vous donner la direction, le sens à donner à votre vie.

Apprendre à se découvrir est le chemin de votre épanouissement personnel dans votre vie sociale, privée et professionnelle.

La discipline

Vous allez me dire : que la vie est difficile. En êtes-vous certain ?

La vie, dans son ensemble, peut être exigeante. Même lorsque tous les signaux semblent positifs, il y a souvent de petites perturbations qui s'insinuent. Alors, que faire face à cela ? Abandonner ? Se replier sous la couette pour échapper à la réalité ?

Il est important de reconnaître que plus nous nous répétons que la vie est difficile, plus cette croyance peut devenir réalité. Si l'idée que nous ne sommes pas aimés prend racine dans nos pensées, nos énergies peuvent refléter ce sentiment. De même, que si nous nous plaignons constamment, nous risquons de repousser les autres.

Demander de l'attention peut attirer des personnes qui ne sont pas toujours bien intentionnées. Il est essentiel d'être sélectif, car rechercher l'attention à tout prix peut attirer des énergies négatives.

En fin de compte, nos pensées et nos croyances façonnent notre réalité. Il est crucial de cultiver une perspective positive et constructive pour attirer des expériences et des relations plus épanouissantes dans notre vie.

Je pourrais vous présenter de nombreux autres exemples de comportements toxiques que nous adoptons à différents moments de notre vie.

Cependant, il est important de se rappeler qu'une série de difficultés ne signifie pas que le monde doit cesser de tourner. Au contraire, exprimer de la gratitude envers le ciel et l'univers pour les épreuves envoyées peut être bénéfique. Ces épreuves sont des opportunités de croissance, d'auto-réalisation, de compréhension et de progression vers un sentiment de plénitude intérieure.

Imaginez une vie sans nuages, sans problèmes, où il n'y aurait rien à réfléchir ni à dire, car il n'y aurait rien à vivre. Cependant, une telle vie serait monotone et dénuée de sens. L'absence d'épreuves empêcherait également notre évolution, car c'est à travers ces épreuves que nous gagnons en compréhension.

Le système de nos vies est conçu de manière réfléchie. Il nous appartient d'accepter cette réalité. L'acceptation est la clé pour résoudre bon nombre de nos problèmes. Elle nous permet de libérer les sources de souffrance, de nous montrer la voie à suivre et de trouver l'inspiration pour trouver des solutions.

Je perçois déjà vos pensées qui se forment. Oui, il est simple de le dire, mais la mise en pratique peut sembler tout autre en réalité.

C'est une phrase que j'entends fréquemment. Ou encore, « Je ne sais pas par où commencer » ou « Je ne sais pas comment m'y prendre ». Il peut sembler impossible d'appliquer ce qui semble si aisé pour certains.

Cependant, je tiens à souligner que ce que je partage n'est pas dépourvu de difficulté. J'ai moi-même traversé cette phase où je me demandais comment ma vie pourrait changer. Comment pourrais-je laisser derrière moi la douleur, la peur, la frustration et le sentiment d'abandon ?

Je me suis engagé dans la bataille et je continue de me battre pour progresser. Le chemin à parcourir est certes long, mais il est indéniablement plus gratifiant.

Si nous n'essayons pas, nous stagnons. Plus nous repoussons, plus nous retardons le processus d'évolution. Chacun avance à son rythme, s'ouvrant à de nouvelles perspectives en temps voulu.

Les peurs sont parfois ce qui nous empêche de progresser. L'ouverture à l'inconnu ne représente pas un grand risque, à part peut-être celui d'accepter ce qui nous semble actuellement inacceptable.

Prenez votre vie en main

Parfois par crainte de la douleur, de l'échec et d'autres défis, nous mettons en place différentes stratégies pour éviter les problèmes. À notre propre échelle, nous tentons souvent d'éviter de les reconnaître. Nous les reléguons volontiers dans un coin de notre esprit, espérant qu'ils se dissiperont. Nous cherchons des détours pour les contourner, que ce soit consciemment ou inconsciemment.

Certaines personnes vont jusqu'à se créer un monde imaginaire, une personnalité fabriquée de toutes pièces, qui sonne faux, car elle est déconnectée de la réalité.

Cependant, il est essentiel d'accepter ce que vous êtes. Il n'y a aucune honte à évoluer dans un milieu social modeste, à être de petite taille, à avoir une silhouette arrondie, à être chauve, à ne pas parler plusieurs langues ou à ne pas correspondre aux attentes de la société, de la famille ou de l'entourage.

Prenez le temps de vous regarder dans le miroir, et découvrez la belle personne que vous êtes. Reconnaissez tout ce que vous avez à offrir. Chacun de nous possède des trésors en abondance, je dirais même à profusion.

Chacun de nous a une raison d'être sur cette terre. Une mission unique nous attend. Peut-être que la mienne est de coacher et d'écrire ce livre, tandis que la vôtre prend une autre forme… Avez-vous déjà tenté de vous poser cette question, ne serait-ce qu'une fois ?

Quelle est ma mission ?

Peut-être qu'elle réside dans l'humanitaire, qu'elle se manifeste dans l'innovation ou encore dans la coopération mutuelle, dans les chiffres, dans la peinture, l'écriture, l'enseignement… Trouver votre mission, voilà ce qui importe. Peu importe votre métier ou votre fortune, la richesse la plus précieuse se trouve en vous.

N'oubliez pas que nous avons différentes missions selon notre parcours d'évolution. À chaque étape, une mission.

C'est parti !

Je vous recommande de prendre un carnet. Installez-vous dans un endroit paisible, mettez une musique qui vous plaît et consacrez un moment à réfléchir à votre mission. Laissez les idées affluer sans les retenir, notez simplement ce qui vous traverse l'esprit. Peu importe que ce soit cohérent, absurde, raisonnable ou déraisonnable. Écrivez.

Une fois cette étape achevée, refermez votre carnet. Ouvrez-le une semaine plus tard et lisez ce que vous avez consigné. Vous constaterez l'impact que cela a sur vous. Entre-temps, de nouvelles idées auront peut-être surgi pour enrichir vos écrits. C'est le commencement d'une passionnante exploration, car ce petit exercice déclenchera d'autres réflexions. Vous allez plonger en vous-même, contempler qui vous êtes, ce que vous aimez, vos aspirations et vos réalisations. Vous aurez ouvert une porte vers votre propre être.

Vous pouvez bien sûr réaliser l'exercice du rond-point, mais il est souvent préférable d'être accompagné, car vous avez besoin qu'une tierce personne compétente et professionnelle qui puisse faire émerger en vous les bonnes réponses.

Accepter et pratiquer le lâcher-prise

Le lâcher-prise est un sujet dont on entend beaucoup parler. Mais concrètement, qu'est-ce que cela signifie ?

Comment peut-on vraiment lâcher prise ?

Le lâcher-prise est à portée de tous, pour peu que nous soyons prêts à l'accepter. Accepter de lâcher prise ne nous transporte pas dans un monde idéal, ne nous déconnecte pas de la réalité. En fait, c'est tout le contraire.

Le lâcher-prise nous guide vers une prise de conscience de la réalité. Dès lors que nous consentons à relâcher nos doutes et nos peurs, nous ouvrons la voie à un état qui nous permet de vivre en pleine conscience. Cela nous permet d'aborder notre vie avec sérénité. Nous devenons capables de faire face à nos défis de manière plus objective, car les sentiments de stress et d'angoisse, entre autres, ont tendance à brouiller la réalité des situations que nous traversons. Ils nous empêchent surtout de percevoir la véritable réalité de ces situations.

L'absence de stress signifie pour certains un désintérêt pour la situation en cours. Pourtant, la réalité est tout autre même si cela peut sembler étrange à première vue. Moins de pensées négatives équivaut à davantage de réalisme et de possibilités de résolution. On nous inculque l'art du stress, mais rarement celui du bien-être.

Imaginez-vous vivant sans stress, dans un lâcher-prise total, à partir de demain. Quelles en seraient les conséquences pour vous ?

Pour le lâcher-prise, il n'y a pas une multitude de chemins. Vous devez tout d'abord vous engager dans un état de décision et d'acceptation, car l'accumulation de vos émotions bloquantes peut entraver votre bien-être.

Acceptez que les résultats se manifestent graduellement, plutôt qu'instantanément. Chacun suit son propre rythme. La patience est essentielle. Parmi les méthodes les plus répandues et efficaces figurent la méditation, le yoga, les massages, le Pilates, le sport, ainsi que la lecture. Vous devriez initier des actions qui vous procurent du bien-être. Veillez à prendre soin de vous. Accordez-vous des moments de marche, pratiquez un sport plaisant, offrez-vous des instants réguliers de détente, et apprenez à lâcher prise sur ce que vous retenez.

Favorisez l'épuration de votre environnement en vous débarrassant de ce qui encombre. Résidez dans un logement confortable, lumineux et agréable. Débarrassez-vous des objets cassés ou inutiles qui encombrent votre espace. Ne laissez pas les vieux meubles s'accumuler. Abandonnez les attaches aux souvenirs douloureux à travers des objets ou des photos. Réévaluez vos relations si certaines s'avèrent toxiques.

Arrêtez de vous efforcer à plaire à tout prix. Évitez de chercher à être incontournable. Acceptez votre solitude ou les moments solitaires pour vous reconnecter avec vous-même. Ne poursuivez pas désespérément l'affection des autres, car l'amour est déjà présent, bien que vous ne le discerniez peut-être pas. Cessez de vous disperser dans toutes les directions. Apprenez à accueillir et à embrasser la merveilleuse personne que vous êtes.

Et si, à compter de demain, je décidais de donner une attention particulière à ma propre voix intérieure ?

Et si je choisissais de ne plus me laisser prendre au piège par les doutes, les incertitudes et les critiques incessantes qui peuvent envahir mon esprit ?

Cela pourrait signifier que je me libère de l'auto-sabotage et de l'autocritique. Je pourrais me donner la possibilité de prendre des décisions avec plus de confiance et de clarté, sans être constamment en proie aux interrogations et aux peurs.

Je pourrais choisir de donner de l'espace à d'autres perspectives, à l'expérience des autres, au savoir extérieur qui peut enrichir ma propre compréhension. En cessant de m'écouter de manière excessive, je pourrais ouvrir la porte à de nouvelles idées, à la croissance personnelle et à des connexions plus profondes avec les autres.

Bien sûr, cela ne signifie pas d'ignorer complètement mes propres pensées et sentiments. Cela signifie simplement que je pourrais choisir de ne pas les laisser dominer chaque instant de ma vie, de ne pas les laisser devenir un obstacle constant à mon bien-être et à mon épanouissement.

En fin de compte, il s'agit d'un acte d'équilibre délicat entre l'écoute de soi-même et l'ouverture aux autres. En renonçant à l'auto-centrisme excessif, je pourrais découvrir une plus grande harmonie intérieure et une connexion plus profonde avec le monde qui m'entoure.

Je partage mon expérience avec vous

J'ai expérimenté et continue de pratiquer le lâcher-prise. Mon expérience à ce sujet est tout simplement merveilleuse. Grâce à un travail régulier, à l'acceptation et à la prise de conscience, j'ai acquis la capacité d'aborder mes situations sans peur ni doute. À ce jour, je peux vous confirmer que ma vie a pris une direction incroyable. Chaque matin, je me lève avec une joie sincère et un enthousiasme à entamer ma journée, quelle que soit la tournure qu'elle prendra.

J'ai appris à m'éloigner des personnes toxiques, bien que j'essaie toujours de les éclairer. Cependant, je reconnais que c'est un travail en cours que d'arrêter de donner là où je ne suis pas reçue. Là où ma présence pourrait susciter un malaise chez l'autre, une sorte de mécontentement lié à leur incapacité à s'épanouir et à la méfiance qu'ils ressentent. Malheureusement, ces mêmes personnes peuvent parfois chercher à nuire par faiblesse, parce qu'elles sont malheureuses ou qu'elles ne peuvent faire confiance à autre chose qu'à elles-mêmes. Elles croient souvent être dans le vrai, tandis que leurs pensées les piègent régulièrement.

Mon désir d'apporter de l'aide est parfois mal interprété et mal reçu. Pourtant, je reste convaincue que chacun a le potentiel d'évoluer vers un meilleur bien-être, même si la route peut sembler ardue.

La spiritualité

Le cheminement spirituel fait partie intégrante du processus d'évolution, et selon moi, il constitue une précieuse aide dans notre développement et notre progression. Je ne parle pas de religion, mais de ce qui réside en chacun de nous dès notre naissance, souvent négligé dans notre éducation. Les religions sont des créations humaines. Ainsi, lorsque nous suivons une quelconque religion, nous ne sommes pas entièrement libres de nous découvrir par nous-mêmes. Nous sommes guidés par des textes écrits. Je respecte ceux qui suivent une religion. Je partage simplement mon point de vue, ayant moi-même exploré cette voie avant de choisir exclusivement la spiritualité indépendante de toute religion.

En résumé

Il est crucial de rompre ce cycle de tourner en rond afin de favoriser notre développement personnel optimal. Les conseils que je partage sont basés sur mon expérience personnelle et ne reflètent que mon point de vue. Si vous trouvez des similitudes entre ce que j'ai évoqué et votre propre situation, je vous encourage à prendre un moment de réflexion et à vous engager dans le chemin d'une vie améliorée.

La lecture est un excellent moyen de vous orienter vers l'évolution et de vous permettre de vous épanouir. Je vous recommande certains ouvrages, mais il en existe tellement. Ceux que je vous recommande à titre d'exemple sont, pour moi, des piliers de connaissances. Je remercie les auteurs pour les bienfaits et la clarté qu'ils peuvent apporter. Ils ont plusieurs livres à leur actif :

– Eckhart Tolle : *Le pouvoir du moment présent – Guide d'éveil spirituel* ;

– Le Docteur Joseph Murphy : *Comment réussir votre vie – Être riche et heureux grâce aux techniques spirituelles* ;

– Nath Hanh : *Vivre en pleine conscience – l'intégrale* ;

– Abraham Maslow : *Devenir le meilleur de soi-même : Besoins fondamentaux, motivation et personnalité.*

Partie III

Dans les prochaines pages, vous découvrirez des explications sur nos expériences de vie. Qu'il s'agisse d'amour, de peur, de célibat ou d'autres aspects, il est possible que vous vous reconnaissiez dans chacun de ces exemples. Mes écrits pourraient potentiellement vous offrir une nouvelle perspective et éclairer vos débuts de compréhension.

L'approbation des autres

Ne cherchez pas l'approbation des autres

Il y a différentes situations dans lesquelles vous cherchez l'approbation des autres.

Vous manquez de confiance en vous et vous vous ajoutez une difficulté supplémentaire dans vos prises de décision.

Vous sollicitez les autres à donner leur avis sur des situations qu'ils n'ont pas vécues.

Ou vous avez besoin que les autres valident votre façon de penser, par manque de confiance en vous.

Vous êtes le seul à savoir ce qui est le mieux pour vous, et vous devez croire en votre opinion ou décision sans que les autres valident.

Vous êtes le seul à contrôler votre vie

Prenez conscience que vous êtes la seule personne à avoir le contrôle, et savoir ce qui est le mieux pour vous. Les autres ne peuvent pas comprendre ce que vous vivez intérieurement, ils ne peuvent pas se mettre à votre place, ils ne sont pas dans votre tête.

En écoutant votre cœur, vous aurez toutes les bonnes réponses à vos besoins, à vos attentes.

En fin de compte, vous avez tout ce dont vous avez besoin pour prendre votre vie en main. Vous êtes le seul capitaine du bateau.

Vous êtes le seul responsable de votre bonheur

Votre bonheur ne dépend de personne d'autre que vous. Chercher le bonheur chez les autres mène souvent à la déception, car les autres ne sont pas vous. Ils sont eux avec leurs visions, leurs désirs, leurs pensées, qui ne sont pas forcément les vôtres.

Lorsque vous vous considérez comme votre propre source de lumière et de bonheur, vous vous prenez en main. Vous arrêtez de laisser les autres contrôler votre destin et vous pouvez ressentir que le bonheur vient de votre intérieur.

Votre liberté c'est de votre capacité à ne dépendre que de vous-même

Ne demandez pas systématiquement conseil pour vos projets actuels ou futurs.

Vous voulez déménager ? Eh bien, faites-le. L'avis des autres n'a que peu d'importance. Si vous avez ce désir en vous, c'est que les bonnes ou mauvaises raisons sont là et qu'elles vous regardent, et que vous avez besoin de ce déménagement pour des raisons qui vous sont propres. Les autres, familles, amis ou autres, ne sont pas vous dans votre tête, dans vos pensées. Ils ne seront pas à la hauteur de cette décision. Et quoi que l'on vous conseille, ce sera reculé pour mieux sauter le pas.

Vous ne pouvez pas plaire à tout le monde

Les gens ne seront pas toujours d'accord avec vos projets, vos idées et vos décisions. L'important ce n'est pas ce que les autres veulent ou pensent. C'est que votre choix vous rende heureux, c'est tout ce qui compte.

Si vous prenez des décisions majeures dans votre vie en pensant à tout le monde sauf à vous, vous ne pourrez jamais vraiment vous épanouir, que ce soit dans vos relations, votre carrière ou vos passions.

Ne gaspillez pas votre précieuse énergie

Chercher l'approbation des autres est une perte de temps, et vous gaspillez vos énergies. Si vous voulez utiliser votre énergie de la manière la plus efficace, supprimez les actions inutiles comme rechercher l'approbation des autres.

Chercher l'approbation des autres crée un sentiment de peur

Cherchez l'approbation des autres, signifie que vous êtes dans la peur, de déplaire dans vos choix, et l'opinion des autres prend de l'importance, ce qui génère consciemment ou inconsciemment de l'inquiétude en vous. La peur est un frein.

Vous vous connaissez mieux que personne

Ce qui se passe avec vous-même est ce qui l'y a de plus important. Les réponses sont toutes en vous, n'ayez pas peur de vous questionner et de vous écouter. Faites-vous confiance, apprenez à vous connaître. Vous êtes et serez toujours le seul capitaine de votre bateau. Ignorez ceux qui tentent de contrôler votre vie et écoutez votre cœur et votre intuition.

Apprendre à se faire confiance

Apprendre à avoir confiance en soi est difficile, et demande du temps selon la personne.

Son parcours, son acceptation, sa compréhension.

Lorsque l'on rencontre une nouvelle personne dans sa vie, il faut prendre le temps.

Le temps de comprendre ce que cette personne déclenche en vous.

N'hésitez pas à vous poser des questions. Les bonnes questions.

Il y a toujours le moment où waouh, on s'emballe, on désire, etc.

Mais au-delà de ce ressenti que se passe-t-il en vous ?

Sans y mettre d'intention ?
C'est lui, je le veux ? C'est l'homme de ma vie ?
J'attends, je le revois, j'approfondis, je m'interroge ?

À vous de faire votre choix

S'emballer ne vous amènera pas forcément sur le bon chemin, car c'est souvent notre mauvais fonctionnement qui rejaillit à ce moment-là.

Je prends le moment présent, soit peut-être un moment de partage voir plus.

Si on prend le temps d'aller chercher au fond de soi, on peut y découvrir que cette rencontre finalement n'est pas la bonne, car cette personne est votre reflet, et on ne le voit pas vraiment pour ce qu'il est. Il est le reflet de nos intentions, mais pas l'amour que vous cherchez.

C'est vous que vous voyez au travers de lui.

Il faut apprendre à prendre du recul, à découvrir la personne, son fonctionnement qui n'est pas forcément le vôtre, mais qui peut être complémentaire, et renforcer vos manques, donc vous apportez un équilibre.

C'est vous que vous voyez au travers de lui

Apprendre à ne pas confondre entre vos mauvais schémas et répétitions de mauvaises rencontres, et bonne rencontre, celle qui va vous permettre de construire d'avancer, de réaliser.

Se libérer des rencontres toxiques, des répétitions, d'attirances négatives.

Changez votre regard sur vos besoins réels, fouillez-vous-en, lâchez ce qui doit l'être, sortez de vos dénis, et l'univers mettra sur votre route la bonne personne.

La passion

Elle se traduit par un sentiment d'excitation inhabituelle alternant plaisir et souffrance.

La personne passe d'un état d'euphorie à une sensation de manque vis-à-vis de l'autre. Dans les cas extrêmes, la passion peut donner lieu à une situation d'obsession (dont l'amour obsessionnel et la dépendance affective) et de dépendance conduisant la personne à faire des choix néfastes opposés à son bonheur, à ses intérêts ou à ceux de ses proches.

Le paradoxe de la passion

Les deux amoureux sont dépendants l'un de l'autre de leur amour. Le partenaire le plus amoureux (ou le plus fusionnel) se trouve en position « dépendante » et le moins fusionnel en position dominante (ou contre dépendant). Ces positions peuvent évoluer dans le temps.

Les dépendants et les contre dépendants se retrouvent ensemble. Ils sont réactifs. Ils tombent en amour. Plus le dépendant est en demande, moins le dominant est disposé à donner.

– Les indépendants et les interdépendants qui sont plus autonomes se retrouvent ensemble et sont proactifs. Ils s'élèvent en amour.

Les personnes perturbées se retrouvent plus facilement dans des relations déséquilibrées alors que les personnes saines maintiennent l'équilibre.

Le désir de prendre le contrôle émotionnel sur l'autre contient un facteur de déséquilibre relationnel. Le fusionnel fait fuir l'autre et accentue son désir pendant que le sentiment amoureux est lié à la sensation de perte de contrôle.

La tentative de prise de contrôle du dépendant fait prendre de la distance au dominant ce qui accentue la peur d'être rejeté et l'insécurité du dépendant, lequel va augmenter ses tentatives de rapprochement. Cela pénalise le couple en rendant impossible toute intimité réelle. « Plus je te suis, tu me fuis… plus tu me fuis, je te suis ». Le besoin de fusion est légitime (au début), mais le besoin de préserver son territoire est légitime aussi.

Choisir son style de vie

Et si vous vous concentriez sur le style de vie que vous désirez plutôt que sur la personne que vous désirez.

Il est facile de choisir des vêtements que nous allons porter dans la journée. Nous pouvons décider de nous acheter une voiture, de choisir un restaurant. Mais peut-on vraiment choisir la personne avec qui passer le reste de notre vie ? Choisit-on vraiment ?

L'amour est un sentiment merveilleux, utile, enrichissant à notre épanouissement.

Mais, doit-il être un frein entre la personne et la vie que vous voulez ?

Au bout du compte, l'amour triomphe de tout. Nous avons un ensemble de règles à suivre lorsque nous abordons les questions difficiles de la vie. Elles sont bien souvent prédéterminées par notre éducation, notre fonctionnement, nos peurs, nos doutes, etc.

L'amour, le véritable nous tombe dessus bien souvent sans que nous ne nous y attendions. Et dans de nombreux cas, il n'est pas celui que l'on avait imaginé.

Vous avez regardé des films, lu des romans, entendu des récits de parents et d'amis qui ont peut-être des relations amoureuses constructives, épanouis. Toutes ses histoires vous transportent, vous font rêver. Et vous vous dites, je veux moi aussi un véritable amour.

Vous devriez pouvoir avoir ce qui est le plus important. Vous devriez pouvoir être avec une personne que vous aimez et vivre une vie qui vous séduit, vous stimule et vous inspire. Vous devriez pouvoir avoir une relation favorisant l'évolution et la découverte mutuelle de qui vous êtes et de ce que vous désirez.

Une vraie relation est un équilibre entre vous deux. Il n'y a pas le dominant et le dominé. C'est un jour un et un jour l'autre. Ce sont bien sûr des compromis, mais c'est aussi l'harmonie, le dialogue, la compréhension.

Tous les sentiments autres négatifs, de peur, de mal-être, de soumission, de non-partage, ne sont pas une relation d'amour. C'est une relation toxique et d'intérêt.

Vous rencontrez une personne et vous sentez qu'au jour le jour, l'amour s'installe entre vous deux, et se construit, alors vous êtes sur le bon chemin. Les différences ne sont pas un obstacle bien au contraire, c'est ce qui va faire une complémentarité. L'amour implique de nombreux compromis, non pas comme des efforts, mais plutôt dans la satisfaction de les mettre en place pour partager mutuellement et construire ensemble.

Vous aviez une vision de la personne si différente de celle que vous avez rencontrée. Mais est-ce pour autant la mauvaise personne ?

N'est-il pas préférable de laisser le destin vous conduire vers celui ou celle qui vous correspond vraiment ? Savez-vous vraiment ce qui vous correspond en matière d'amour ?

Vous pouvez choisir votre travail, votre parfum, vos habits, mais l'amour ?

Être dans une vraie relation d'amour, c'est pouvoir avoir la meilleure version de nous et de cette personne. C'est ce que cette complémentarité devrait nous apporter.

Comment pouvons-nous rencontrer une telle personne ?

Acceptons l'incertitude. Laissons la rencontre s'installer sans contrôle, sans peur, sans certitude. Ouvrons grands nos bras pour accueillir de tout cœur les choses que nous aimons. Ainsi, nous attirerons les gens qui aiment ce que nous aimons.

Nous attirerons ceux qui apprécient tout ce que nous sommes. Vivons la plus grande vie que nous pouvons vivre, même si nous devons rester seuls très longtemps.

L'amour, c'est quand on regarde ensemble dans la même direction.

L'écoute

L'écoute active

Parfois lorsque l'on se retrouve avec des amis(es) on a tendance à poser des questions à l'autre pour se donner un intérêt qui souvent n'est pas fondé.

C'est juste une manière de récupérer de l'écoute pour soi, car nous ne sommes pas attentifs, même si on laisse croire à l'autre tout le contraire.

Est-ce bien nécessaire ? Ne peut-on pas engager la conversation sur nous en premier, et laisser l'autre parler ensuite, ou vice versa en donnant une attention sincère ?

Mais dans les deux cas, entraînez-vous à écouter les autres.

Soyez concentré sur leurs paroles, sur ce qu'ils disent. Tentez du mieux qu'il vous soit possible de résister à l'envie de vous écouter vous, d'écouter vos interprétations.

Ce qu'ils partagent avec vous ne doit pas être interprété.

Vous être au restaurant avec un collègue de travail, et celui-ci vous fait un compliment sur votre nouvelle coiffure.

C'est à ce moment-là que votre interprétation peut vous jouer un mauvais tour.

Vous pouvez penser : tiens, je ne lui déplais pas, ou est-ce une avance, est-ce qu'il me séduit…

Nos interprétations sur ce que nous entendons dire de nous par les autres sont souvent fausses. Car ce ne sont que nos interprétations, car nous ne savons pas écouter l'autre.

Dans la situation décrite ci-dessus, cette interprétation vient-elle du fait que nous avions envie d'entendre ce compliment et penser le reste ?

Ou c'était une gentille attention de cette personne sans aucune arrière-pensée ?

Nous nous écoutons pendant la conversation de l'autre, et nous n'entendons pas ce que nous dit l'autre réellement.

Nous pouvons nous blesser par nos fausses idées et notre habitude à penser à la place des autres. Tentez de croire que ce qu'ils disent est exactement ce qu'ils veulent dire : ni plus ni moins. Écoutez les autres jusqu'au bout.

Parfois, on a le désir de finir la phrase de quelqu'un, soit à haute voix soit dans notre esprit.

Resté attentif, car l'autre a peut-être autre chose à dire que ce que vous avez pensé.

Pendant que nous sommes occupés à penser à ce qu'ils vont dire, nous passons à côté de ce qu'ils disent réellement.

Questionnez-vous sur le manque d'écoute.

Que se passe-t-il en moi si j'écoute et j'entends ce que l'autre veut me dire ?

Le stress

Être en paix avec soi-même

Notre esprit nous parle au travers de notre corps.

Toutes les tensions que vous ressentiez sont simplement une manière de vous dire que quelque chose ne tourne pas rond. Votre corps vous lance des alertes.

Vous devez être attentif à toutes ses alertes. Vous ne devez pas les ignorer.

Vous désirez ne plus avoir de stress, vous désirez ressentir la paix et la sérénité en vous ?

Alors, écoutez votre corps.

Faites le test :

Tentez de vous détendre, et de laisser parler votre corps. Concentrez-vous sur lui.

Vous allez ressentir une ou des tensions des contractions. À partir de ce moment-là, quelle est la pensée qui vous envahit ?

Que désirez-vous faire de cette pensée négative ? La garder, ou au contraire la laisser partir ?

Le choix vous appartient. Libérez cette pensée négative va vous permettre de retrouver la paix en vous.

Répétez l'opération et découvrez vos sources de stress, pour vous en libérer.

Le stress est une émotion à qui, au fil des années, on a permis de s'installer en nous.

C'est du mauvais stress. Nous pouvons vivre sans stress. Nous pouvons avoir des problèmes et les affronter sans cette mauvaise sensation qui nous détruit que l'on se déclenche.

Car le stress nous fait paniquer, et nous empêche de réfléchir librement. Il nous bloque dans nos actions.

Imaginez vous avoir un gros souci bancaire. Que se passe-t-il en vous à ce moment-là ?

Vous déclenchez le stress, vous n'avez plus faim, vous êtes en panique, vous courez de tous les côtés pour trouver une solution, etc.

Et si face à cette situation, vous vous posiez, et vous prenez tranquillement le temps de la réflexion.

Si vous laissez cette situation à l'univers afin qu'il la gère lui ?

C'est là que tout prend son sens, et que l'on découvre que quelque chose dc plus puissant peut faire les choses pour nous.

Pleine conscience

La pleine conscience (Mindfulness)

Comment se guérir de son stress, de ses pensées négatives par la pleine conscience ?

De nos jours, on travaille de plus en plus avec la pleine conscience, car elle a des avantages pour nous aider à faire face au stress et à l'anxiété de la vie quotidienne, à nos obsessions… etc. Cela devrait vous mener à plus de calme intérieur et plus d'optimisme.

La pleine conscience consiste à être pleinement conscient de ce qui se passe à la fois autour de vous et en vous, afin de pouvoir distinguer vos propres pensées négatives de ce qui se passe réellement.

C'est en quelque sorte la séparation de vos pensées et du réel.

La respiration profonde

L'exercice de la respiration a de multiples bienfaits sur notre corps et sur notre psychisme. La respiration profonde peut détoxiquer votre corps. Il a besoin d'être en phase avec vos pensées. Elle peut même soulager des douleurs et vous faire ressentir du bonheur. C'est un puissant libérateur. Il faut pratiquer sans relâche régulièrement, jusqu'à ce que ce soit un automatisme.

Je vous invite à la réflexion, après chaque exercice afin de prendre conscience de ce qui se passe en vous.

Prenez le temps de vous asseoir, le dos bien droit, sur une chaise, un canapé, à votre convenance. Prenez 10 secondes pour inspirer et 20 secondes pour expirer. À pratiquer 5 min par jour ou plus si vous en ressentez le besoin. Vous allez ressentir très vite de la détente, un bien-être va s'installer en vous. L'avantage est que vous pouvez pratiquer la respiration n'importe où dans n'importe quelle circonstance.

Comment vous sentez-vous après cette pratique ?

Devenez attentif à votre environnement

Nos vies font que nous ne sommes pas attentifs à ce qui se passe autour de nous. On peut passer devant une maison avec de très belles fleurs tous les jours sans même s'en rendre compte.

Être attentif à ce qui se passe est très important dans notre vie, c'est une façon de se remplir et de nourrir notre cerveau d'autre chose, ou de la vie tout simplement. De s'émerveiller devant un oiseau de l'observer et de voir à quel point il est beau, il est stratégique, il est aimant, et aussi très attentif à son environnement.

Vous êtes au bureau plongé dans votre ordinateur, et si vous vous autorisiez à sentir les odeurs qui vous entourent. Une bonne odeur de café. Hum ! que vous rappelle-t-elle de positif ? Un moment de partage en famille, un moment de détente face à la mer ? Un bon repas ?

Et cette odeur de parfum, d'une de vos collègues, où vous transporte-t-elle ?

Si vous vous accordez un peu de réflexion ?

Toutes ses petites attentions que vous allez vous accorder au quotidien vont vous nourrir de positif, de bien-être. Comment vous sentez-vous après cet exercice ?

Certaines personnes remplissent les journées, et ont un rythme intense. Votre cerveau lui n'en est pas heureux pour autant. Car le fait de le mettre en hyper activité, déclenche chez lui de la menace, il se sent en danger, et vous renvoie du stress, car vous ne lui donner pas la possibilité de se reposer, de se relaxer, et de vous envoyer des moments de sérénité. Vous serez dans le stress permanent.

Que se passe-t-il en vous, si vous vous accordez cette détente ?

En avez-vous peur, la fuyez-vous ?

Quelle en est la raison ? Et si vous acceptiez que la détente est faite pour vous apporter justement ce que vous fuyez ? Et si vous acceptiez tout simplement de lâcher et de laisser rentrer en vous les bonnes pensées, à regarder ce qui se passe autour de vous, un avion qui passe, qui vous fait voyager, un marchand de glace qui déclenche votre gourmandise.

Apprenez à vous faire du bien, à bien vous nourrir, à prendre soin dans votre intérieur comme dans votre extérieur. Sortez de vos obsessions, arrêtez de ruminer, de tourner en rond, car vous vous déclenchez du mauvais stress.

Apprenez à méditer. La méditation fait partie d'une libération de résistance négative, d'obsession, de peur, et autres.

Allongez-vous, laissez venir à vous les pensées les plus sombres, même si elles déclenchent de la peur, du doute, laissez-les venir, ne les bloquez pas, elles vont partir, car vous ne lutterez pas. Vous les accepterez, et elles vont sortir de votre esprit, puisque vous ne serez plus dans la lutte le conflit.

Je mentionne fréquemment la méditation dans ce livre, car c'est la clé. En réalité, on dit souvent « j'apprends à méditer », alors que ce fonctionnement est naturellement ancré en nous. Apprendre signifie souvent laisser émerger cette connaissance, la libérer pour qu'elle puisse agir.

Plus vous serez dans la résistance, et plus ce sera long. Mais au bout du compte, les bienfaits seront là.

Vous créez votre propre négatif. Il ne fait pas partie de la réalité. En laissant agir vos pensées négatives, vous vous cloisonnerez, et vous serez dans une obsession, de la peur, du stress, etc.

Accordez-vous du bien-être, de la détente, et trouvez du plaisir, même dans les petites choses. En faisant cela, vous évoluerez, vous avancerez, et vous réaliserez davantage vos attentes.

Les schémas

Apprendre à changer nos comportements et à les comprendre

Les schémas

Les schémas correspondent à des croyances fondamentales, qui constituent la façon dont une personne se perçoit, comprend les autres et le monde. Ces schémas se construisent à partir des expériences vécues tout au long de la vie.

Vous devez apprendre à vivre vos émotions de façon plus rationnelle. Vous ne pouvez pas changer votre façon de penser tant que vos comportements restent les mêmes. Travailler sur vos comportements et sur les pensées est très important.

« Ce ne sont pas les choses qui vous nuisent, mais le regard que vous décidez de porter sur elles ».

Ce ne sont pas les événements qui sont à l'origine de vos difficultés, mais les représentations et évaluations que vous en faites.

Le réel n'existe pas de manière objective ; le réel est la construction de votre esprit, au travers de vos « représentations. »

Vous tirez des conclusions hâtives à partir d'informations insuffisantes. Par exemple : « Il me critique, donc il m'en veut personnellement ». Mais qu'est-ce qui vous prouve que cette personne vous en veut ? Sur quel élément vous basez-vous à ce moment-là ? Il peut vous critiquer sans que vous en soupçonniez la vraie raison.

Vous accordez de l'importance excessive à quelque chose qui n'en a pas réellement.

Vous ne prenez pas en compte une possibilité de nuance, vous pouvez, par exemple, considérer que vos actions sont soit parfaites, ou soit complètement nulles, il n'y a pas de juste-milieu. Exemple : « J'ai raté mon examen, donc je ne suis pas capable ».

Pensez-vous que de rater un examen va faire que vous n'êtes pas capable ou que votre vie est loupée ? Il y aura d'autres occasions pour passer cet examen. Vous n'étiez peut-être pas en forme ou alors a-t-il vraiment autant d'importance ? Ou l'aviez-vous fait pour vous, ou parce qu'il fallait le faire ? Voilà ce que c'est que de nuancer sans dramatiser, et accepter que les choses ne se soient pas déroulées comme vous le pensiez. Apprenez à réfléchir pourquoi. Et vous verrez que dans tout négatif, il existe du positif.

Ce que pensent les autres, c'est leur problème et leur choix de penser. La seule estime qui nous fait avancer dans la vie est celle que l'on se donne à soi-même.

Les gens font du mal sciemment et gratuitement. Tous les humains ont des faiblesses. Chacun a le droit d'avoir des opinions différentes des nôtres et de les exprimer !

Quand les événements de la vie ne se déroulent pas comme vous le décidiez, c'est la catastrophe ! Ce comportement vous rend malheureux.

De nombreuses situations ne sont pas « indésirables », très peu sont de vraies catastrophes. Pensez positif, c'est aussi se dire que rien n'est réellement une catastrophe ou un drame, c'est nous qui le voyons comme tel.

C'est à vous de décider de voir votre vie comme un verre à moitié plein plutôt qu'à moitié vide.

Lorsque vous pensez qu'une situation est dangereuse, vos comportements, vos manières de penser vont déclencher en vous du stress. Sans cette sensation, ça ne va pas. Il vous faut cette dose d'angoisse, de mal-être.

Vous mettre dans cet état n'a aucune incidence sur les événements que vous ne contrôlez pas.

Le résultat est que vous êtes épuisé. Et si vous tentiez de penser autrement. Soit cette situation me semble dangereuse. Que puis-je faire pour qu'elle ne le soit pas ou qu'elle ne m'impacte pas ? Pensez autrement va vous permettre de voir les solutions là où votre peur et votre stress vous paralysent.

Lorsque vous êtes face à des difficultés, il est beaucoup plus facile de fuir au lieu les d'affronter. On a tendance à souvent d'accuser l'autre pour ne prendre aucune responsabilité, aucune culpabilité. Et si vous changiez ce comportement. Cela va vous permettre de vous libérer d'un problème et de vous alléger dans vos pensées. La fuite ne fait que reporter les difficultés, mais ne les résout pas. C'est reculer pour mieux sauter. C'est tellement valorisant de faire face.

Vous croyez qu'avoir une personne forte à vos côtés va transformer votre vie, car vous avez l'impression de ne pas être capable par vous-même.

Et pourtant, votre meilleure « assurance vie » est de penser et d'agir en autonomie.

Faites toujours de votre mieux. La perfection n'existe pas. L'exigence des autres ne doit en aucun cas vous affecter et vous pousser malgré vous. Acceptez-vous comme vous êtes avec vos qualités, vos défauts, vos possibilités, et vos non-possibilités.

L'être humain est bien connu pour sa faculté de résilience, pourquoi pas nous ? Le passé n'existe en partie qu'au travers de nos souvenirs qui sont eux-mêmes une construction de notre esprit.

Pourquoi vouloir absolument contrôler les gens, les situations ? Vous vous retrouvez prisonnier de vous-même, de vos peurs.

Il existe un lien intime entre vos pensées, vos émotions et vos comportements. Vos comportements sont parfois mal adaptés à une situation non pas parce que vous êtes né comme cela, mais parce qu'on vous a appris à fonctionner de cette façon. Si vous avez appris, vous pouvez désapprendre ou apprendre à faire différemment.

Acceptez et comprenez que les comportements que vous souhaiteriez changer sont en grande partie issus des représentations que vous vous faites des situations qui vous posent problème.

Les doutes

Le doute

Pourquoi doute-t-on ? Comment le doute s'installe en nous ?

En quoi le doute, lié à la peur et à la confusion, entrave-t-il notre capacité à réfléchir ?

Le doute émotionnel (observer ses sensations : sensation désagréable).

Le doute corporel (observer ce qui se passe dans votre corps)

Le doute nous permet parfois de nous poser les bonnes questions, de ne pas nous emballer dans une décision. De mûrir notre idée. De voir clair là où c'est obscur en nous. Mais il peut aussi nous mettre sur la mauvaise piste, les mauvaises pensées.

Le doute peut être un ami, comme un ennemi

Le négatif du doute

Lorsque l'on est dans le doute, que se passe-t-il en nous ?

Une sensation de mal-être peut apparaître dans notre corps, un stress, un mal-être.

Dans notre tête, on se sent confus, mal, car plusieurs pensées jaillissent en nous. Elles ne sont pas forcément bonnes.

Exemple : vous vivez dans une relation depuis un certain temps, et d'un coup sans savoir pourquoi s'installe le doute en vous. Vous commercez à vous poser des questions auxquelles vous n'avez jamais pensé réellement. Cela vous perturbe, vous met mal, paralyse votre cerveau, vous vous sentez confuse. Un élément a déclenché ce doute. Quel est cet élément, et pourquoi ? À quoi avez-vous associé cet élément ? Est-ce que votre cerveau vous joue un mauvais tour, ou est-ce la réalité de la situation, de cette sensation ? Une mauvaise interprétation qui vous relie à votre passé.

Si vous avez déclenché ce doute, c'est que quelque part au fond de vous, vous n'avez jamais vraiment cru en cette relation, ou en vous dans cette relation. Vous étiez dans le déni, de ce qui se passe dans la réalité.

Ce que déclenche en vous le doute est très désagréable, mais le côté positif est que vous allez devoir accepter l'inacceptable.

Il ne faut pas rester dans le doute. Prenez votre courage à deux mains, et osez discuter avec votre partenaire, afin de dissiper le doute en vous. Car votre doute ne sera pas forcément fondé. C'est juste que vous avez à régler des émotions enfouies en vous. Le doute peut mettre de la discorde là où il n'est pas nécessaire qu'elle soit. Elle peut être le fruit de votre imagination. De vos pensées infondées. De vieilles croyances.

Alors, avant de détruire, de vous disputer, sortez de vos croyances, et mettez à jour votre doute.

Gardez à l'esprit que votre manière de penser n'est pas toujours la réalité de la situation. Approfondissez, vérifiez en toute justesse.

Exemple : votre supérieur hiérarchique vous demande de lui présenter un dossier. Il vous donne quelques indications sur ce qu'il souhaite. Vous préparez ce dossier et d'un coup le doute vous envahit. Vous vous mettez à penser que le dossier A que vous avez choisi ne convient peut-être pas et que le dossier B est peut-être le bon. Le malaise, l'angoisse, le stress s'installent. Le doute fait tout basculer.

Pourquoi ce doute est là ?

Vous manquez de confiance en vous, vos peurs rejaillissent. Votre compétence est remise en question, etc. Vous vous paralysez devant ce dossier, vous n'osez pas vous adresser à vos collègues, car vous ne voulez pas montrer votre faiblesse. Votre ego vous joue un mauvais tour en plus du doute.

Pourquoi avez-vous douté ?

Ce doute s'est installé, car vous n'avez pas entendu les indications de votre supérieur. Il vous a donné, pour réussir cette présentation, certains éléments. Seulement, votre cerveau a entendu que ce qu'il a voulu, vos croyances. Et d'un coup, il y a une confusion entre vous et votre supérieur.

Cette expérience est enrichissante, car d'une part, elle vous permet de prendre conscience de votre manque de confiance en vous, de prendre conscience que vous n'êtes pas attentive à l'autre, voire aux autres. Elle vous permet de comprendre qu'il faut revoir votre dysfonctionnement, qui vous empêche d'avancer dans votre vie, et que vous mettez des doutes là où il ne devrait pas y en avoir, car vous avez tous les éléments sous vos yeux, mais que vous ne le voyez pas, car vous êtes aveuglé par vos différents internes. Quoi qu'il en soit même si votre présentation n'est pas celle attendue, vous pourrez toujours expliquer clairement pourquoi vous avez fait ce choix, et pourquoi à votre sens il correspond mieux. Un bon dialogue, une bonne explication claire, vous permettra de réussir là où vous avez douté.

Peu importe les situations que vous rencontrez dans votre vie, le doute est quelque chose que vous installez vous. Le manque de confiance en vous, la peur de l'échec, la peur de ne pas y arriver.

Une tierce personne peut semer le doute dans votre esprit dans n'importe quelle situation. Elle vous transmet à ce moment-là, ses propres doutes, ses propres peurs, car le doute et la peur ne font généralement qu'un. Si cela se produit, c'est qu'elle est le reflet de vos doutes.

Prenez toujours du recul. Peu importe ce qui va le déclencher, il sera le signe de vos dysfonctionnements.

Vos doutes sont reliés à des peurs enfouies au fond de vous qu'il va falloir impérativement travailler pour vous en sortir, pour avancer, pour être heureux et en paix. Les autres diront et feront toujours à un moment quelque chose qui vous fera douter. Utiliser ce doute dans un sens positif, ne vous laissez pas embarquez par le négatif que cela va provoquer en vous. Bien au contraire, posez vous, pesez le pour et le contre. À quelle peur il est relié et les réponses vont venir toutes seules. Et vous libérerez quelque chose de bloquant de négatif en vous de votre passé.

Ne doutez pas de vous.

Test

Quand vous doutez, votre ressenti est-il plus proche de :

1. La colère ;
2. La frustration ;
3. La peur ;
4. L'angoisse ;
5. La confusion ;
6. Le vide ;
7. L'excitation ;
8. Autre ;
9. Suite à votre ou vos réponses, vous devriez travailler sur l'émotion retenue pour vous libérer de ce qui bloque en vous.

Les rencontres

Soyez prudent (e) dans vos rencontres

Dans une nouvelle relation, il faut être attentif aux comportements de l'autre. Il y a des manières d'être et des commentaires qui sont des signaux.

Les comportements doivent vous inviter à prendre conscience que certaines difficultés pourraient rapidement se mettre en place dans cette nouvelle relation. On cherche une personne, un vrai partenariat de vie, et nous ne sommes ni l'infirmière ni le psy de cette personne. Nous sommes avant toute chose un être humain désirant partager et construire sur une base saine.

Il est important de choisir la bonne personne et d'éviter quelqu'un qui ne conviendra pas ou qui n'est pas en mesure de vous conduire vers la relation que vous désirez au fond de vous.

Il faut donc être vigilant au début d'une relation. Vous ne devez en aucun cas minimiser certains comportements qui en disent long. Voici quelques exemples :

L'addiction

Lorsque la personne vous parle et qu'il a tendance à boire rapidement ou qu'il se force à se retenir, tout en vous parlant d'Alcool, soyez prudent, car il cache sûrement une dépendance.

Dépendance sexuelle

Lors des conversations, son inclination sexuelle va au-delà d'un simple échange entre vous deux. Si vous remarquez un regard suggestif, des discussions sur vos préférences sexuelles, l'exploration à plusieurs, vos tenues sexy, etc., soyez prudent, car cette personne a des penchants pour une sexualité très diversifiée.

Les joueurs

Attention aux joueurs qui minimisent, mais qui sont pourtant accros.

La drogue

Soyez prudent à la drogue, style un petit joint de temps en temps.

Ne vous fiez pas au désir de relation. Si cette personne à des dépendances, il les mentionnera, en minimisant les faits.

Lorsqu'on aime quelqu'un avec une dépendance, on rentre dans une vie infernale, car vous allez devoir partager cette vie avec son ou ses addictions. Vous ne le guérirez pas, et il ne s'arrêtera pas pour vous ni pour personne d'ailleurs.

Le partenaire est irrespectueux

Dans les débuts de la relation, le partenaire peut traiter l'autre comme une reine, pour l'impressionner, mais avez-vous remarqué ces attitudes avec les autres ? Sont-elles respectueuses ? Attention, accepter de l'irrespect, c'est rentrer dans une relation de violence verbale et voir plus ensuite. Vous devez toujours être respecté, quoi qu'il se passe dans votre relation.

Le partenaire vit avec ses parents

Les adultes qui vivent avec leurs parents, en dehors de circonstances particulières qui l'exigent, peuvent manquer de maturité et de responsabilité. Ce sont souvent des personnes sans enfants. On n'a pas à être le père ou la mère de la personne qui nous accompagne. Ils refusent l'engagement.

Mensonge tricherie ou manipulation

L'honnêteté est la base ainsi que la confiance mutuelle. C'est la clé de l'intimité. Ne perdez pas de temps avec quelqu'un qui triche, ment ou manipule. Vous serez toujours dans le doute, car vous ne saurez jamais si votre partenaire dit toute la vérité. Si cette personne à un passé avec des relations multiples et conflictuelles, c'est un signe de non-engagement.

Attention aux personnes mariées.

Espérer que l'autre divorce pour soi est une erreur. Car même si la personne se sépare, ce sera avant tout pour elle-même. Il faut se demander si cette relation est bonne en soi et si on est prêt ou si l'on souhaite vivre dans l'attente de l'autre.

La personne qui est amoureuse très rapidement

Les personnes avides qui se jettent à corps perdu dans une relation peuvent parfois rechercher quelqu'un pour résoudre leur problème. Cette personne est bien souvent dépendante affectivement. Vivre avec une personne dépendante est voué à l'échec.

La dépendance n'est pas de l'amour, et malheureusement beaucoup confonde cet état de fait. La dépendance, c'est quand une personne a besoin de se nourrir de l'autre pour se remplir lui-même. C'est une forme d'addition déclenchée par son passé, un manque d'attention, d'amour...

C'est toujours de la faute de l'autre

Les individus qui ne veulent pas reconnaître leur part de responsabilité dans les difficultés qu'ils vivent se posent comme victime. Ils peuvent avoir tendance à faire des reproches et à blâmer toujours les autres, y compris le nouveau partenaire s'il ne répond pas à ses attentes.

Fuyez un partenaire qui culpabilise, qui parle tout le temps en négatif, broie du noir, et qui ne se remet jamais en question.

Le partage des tâches du quotidien

Quelqu'un qui n'aide pas dans les tâches ménagères du quotidien verra probablement l'autre comme une bonne, plutôt que comme un compagnon ou une compagne. Sur le long terme, cela provoquera des disputes.

Le partenaire évite ou refuse toute discussion concernant son passé

Une personne qui évite de parler de son passé peut très bien dissimuler un mariage non résolu par le divorce, un enfant abandonné, un accident voire un passé criminel, violent, alcoolique ou autres. Il ne faut pas perdre de vue que la clarté et l'ouverture vis-à-vis du passé sont importantes pour aller vers une vie commune. Il faut établir dès le départ une confiance réciproque.

Laisser partir une personne

Laisser partir la personne que nous aimons peut parfois être nécessaire.

Certaines personnes ne sont pas prêtes pour aller au bout d'un engagement.

Chaque personne est unique et irremplaçable. Chacun d'entre nous à ses fonctionnements complexes. Des différentes pensées, sentiments, croyances, intentions, besoins, désirs et motivations.

Lorsque nous rencontrons une personne et que l'attirance est là, nous espérons que ses pensées, et désirs soient identiques aux nôtres. C'est ce qui a souvent tendance à nous aveugler, et à nous laisser penser que cette même personne est semblable à nous, pense comme nous, veut ce que nous voulons, etc. Nous sommes aveuglées par nos propres désirs. La réalité malheureusement au bout de quelque temps va être bien différente. À nous de l'accepter.

Attention, on peut se retrouver dans ce même schéma sur des relations à long terme. Un désir autre, une évolution, de la part de la personne.

Heureusement que nous évoluerons et que nous expérimentons de nombreux changements. Parfois, l'évolution de l'un n'est pas celle de l'autre. Et il est difficile de nous adapter à partir du moment où l'un des deux prend une autre direction.

Notre compatibilité à ce moment-là n'est plus la même. Peut-on parler de la faute de la personne qui a changé ? Non, je ne le pense pas.

C'est simplement que l'évolution, ensemble, ne peut plus se faire. Chacun de nous a besoin d'évoluer à son rythme et dans ses possibilités.

À ce moment-là, il faut se rendre à l'évidence et accepter l'inacceptable, s'éloigner l'un de l'autre pour un épanouissement commun, mais différent. Restez se battre ne fera qu'aggraver la situation. Votre relation est arrivée au bout. La faute à qui ? À personne.

Pour trouver la paix et l'harmonie intérieures. Le lâcher-prise

Il est indispensable à ce moment-là d'accepter et de se libérer mutuellement, intelligemment. Dans la compréhension. Il faut instaurer de la discussion, franche, sincère, mais sans accusation, sans reproche. Juste dire ce que l'on ressent et ce que l'on comprend sur ce qui se passe.

Il faut apprendre à se libérer de cette emprise, qui est bien souvent de la peur, de l'habitude, mais pas forcément de l'amour.

À cette étape de votre vie, vous devez accepter, mais aussi commencer à imaginer ce que votre vie peut être sans l'autre. Il faut voir le positif. Le négatif est déjà là, alors commençons à le transformer, et a envisagé une autre vie. En prenant du recul, je suis sûre que vous allez voir plein de points qui ne vous correspondent plus, mais que la routine, etc. avait installés et vous avez appris à vous satisfaire. Mais est-ce vraiment une vie satisfaisante ? Je ne le pense pas. Creusez, encore et encore, et ne vous mentez pas.

On a tendance à vouloir accuser l'autre et à créer des conflits. Vous pouvez dépasser cet état de fait en toute intelligence. Les conflits ne vont pas résoudre la situation.

C'est toujours plus douloureux pour l'un que pour l'autre. Mais tout est possible quand on le veut. Le temps est notre meilleur allié. C'est lui qui va vous ouvrir les portes en fonctions de la possibilité de votre acceptation.

« Lâcher prise » n'est pas oublier, n'est pas tout arrêter, c'est juste lâcher ce qui ne nous correspond plus, et qui nous met dans le mal être. Retenir les émotions, une personne ou que sais-je ne vous apportera rien en fin de compte. Plus vite vous acceptez, plus vite vous lâchez et plus vite de nouvelles portes s'ouvrent. On vous mettra sur une autre route, celle qui est faite pour vous.

N'ayez pas peur de la solitude affective. Elle va au contraire vous nourrir, et vous montrez de quoi vous avez vraiment besoin et de ne pas prendre pour prendre.

De nouvelles énergies affluent, et avec elles se présentent de nouvelles opportunités et possibilités.

Vous étiez dans un tel fonctionnement que vous vous êtes privé de votre avenir, de votre évolution, et de votre devenir. Le passé nous fait stagner, reculer, mais pas avancer. Alors, lâchez ce qui doit l'être, laisser partir la personne qui doit partir, et accepter votre renouvellement de vie. Votre futur.

Oublier son pseudo-ex

Pourquoi je n'oublie pas mon pseudo-ex

Il n'y a pas eu de fin officielle

Nous avons besoin d'une fin officielle pour tourner la page. S'il n'y a pas de fin, il reste en suspens une possibilité de. S'il n'y a pas de fin, nous ressentons une frustration, et nous ne pouvons pas vraiment passer à autre chose.

Si vous mettez vous une fin à une relation, vous pouvez, vous en libérez, car c'est vous qui aviez mis le point final. Votre action est claire. Mais si votre compagnon disparaît sans y mettre fin, alors vous restez en attente, et l'histoire en vous continue. Il ne reste qu'une solution, c'est avoir la force de mettre cette rupture en place dans votre tête. C'est le temps qui vous y aidera. Mais le fait de ne pas savoir, créer des doutes en vous, des questions sans réponses. C'est de la souffrance qui prend place, voir du tourment. Vous pouvez aussi vous sentir coupable de cette situation.

Que se passe-t-il en vous ?

Vous êtes dans le doute, car vous ne comprenez pas ce qui a pu provoquer ce silence, cette disparition. Qu'avez-vous donc fait ? IL est difficile de rester sans réponse. Vous tournez la situation en boucle dans votre tête. Vous finissez par penser que tout est de votre faute. Il se peut qu'il y ait une part de vous et une part de lui dans cette situation.

Quoi qu'il en soit, si une personne disparaît sans clôturer la situation, cela suggère qu'elle n'est pas totalement honnête avec elle-même, et par extension, avec vous. Elle évite les confrontations et fuit les ruptures. Il est également possible qu'il n'ait jamais considéré cette relation sérieusement, auquel cas il n'y a ni fin, car il n'y a pas eu de début clair.

Ce qui aurait pu être

Nous avons besoin de croire en l'amour et au bonheur. Souvent, on s'accroche à une histoire pour nourrir nos croyances. On idéalise la relation. On ne voit et n'entend que ce que l'on veut. On s'est projeté dans l'avenir avec cette personne. On suit notre rêve. Mais et lui ? Est-ce que son rêve était le même ?

Ce que l'on n'a pas entendu et vu

Bien souvent, il y a de nombreux non-dits et des sous-entendus. Y a-t-il eu vraiment un investissement de la part de cette personne dans la relation ? Êtes-vous sûr que la seule personne qui était dans l'investissement, dans l'effort n'était pas que vous ? Il était présent parfois. Vous manquiez souvent de nouvelles. Il n'était pas forcément dispos le week-end, etc.

C'étaient des signes que la relation ne serait pas durable. Et pourtant, il était là au début. Juste les premiers temps, et d'un coup, il a disparu. Vous devez admettre que non, vous n'avez pas eu de relation amoureuse. Et certains signes, certains comportements de sa part auraient pu vous donner l'alerte.

Il est difficile de se retrouver seul face à une telle situation. C'est une douche froide. Mais nous faisons tous des erreurs, et c'est ce qui nous permet aussi de nous construire et d'avancer.

Dans cette situation, il y a de grandes chances pour que l'autre personne n'ait jamais manifesté une relation ou de l'amour envers vous. Vous lui avez simplement donné vous votre cœur et vos sentiments. La vie est une roulette, parfois nous prenons des risques et nous perdons.

Mais grâce aux pseudos-relations, nous pouvons apprendre beaucoup sur nous-même. Sur notre façon de nous comporter. Et la prochaine fois, cela va vous permettre d'exprimer clairement ce que vous attendez de l'autre. Et surtout d'entendre ce que l'autre veut et ne veut pas. Vous devez rester optimiste et continuer à croire en l'amour. Il sera sur votre route à un moment donné. Ce sont juste vos comportements et les choix des profils qui vous attirent qu'il faut travailler.

Trouvez votre vraie vie

J'ai le sentiment de ne pas vivre ma vie

Cette vie n'est pas la mienne

Vous avez le sentiment à un moment donné de vivre une vie qui n'est pas la vôtre. Vous ne vous sentez pas en phase avec vos attitudes, avec votre entourage, votre métier, votre vie.

Ce sentiment peut arriver à certaines personnes à un moment de leur vie. Vous avez une prise de conscience, sans pouvoir comprendre pourquoi.

Pas de panique, ce sentiment est normal. Vous vous battez, vous faites des efforts, et rien n'avance. Vous avez le sentiment que quoi que vous fassiez, vous êtes dans une boucle. Vous vous retrouvez chaque fois au même point. Bien sûr que vous avez réussi à aller vers des changements des améliorations, vous avez libéré certaines situations, mais il y a toujours ce quelque chose où vous vous sentez toujours au point zéro. Quelque chose qui vous ramène au point de départ.

Que se passe-t-il ?

En fait, vous prenez conscience que votre vie ne vous appartient pas. Ce n'est pas la vôtre. La vôtre devrait être différente.

Vous avez raison de le penser et de le ressentir.

Alors qu'est-ce qui a faussé votre route ? Vos directions, vos choix.

Tout commence à la naissance. Les deux premières années sont déterminantes. L'éducation, le contexte familial dans lequel on vit. On grandit et les choix que nous faisons ne sont pas les nôtres, ou sont influencés, faussés par l'influence parentale.

On pense construire sa vie par choix personnel. Mais non, c'est un choix dicté à votre insu.

Pourquoi ?

On suit le sillon des parents d'une manière ou d'une autre, ou par révolte, pour échapper à quelque chose de néfaste, on part sur des chemins, à l'aveugle. Quoi qu'il en soit, ce ne sera pas le bon. Et on se construit comme l'on peut.

Cette vie n'est pas la mienne

Au moment de la prise de conscience que pouvez-vous faire ?

Il va falloir fermer toutes les portes du passé sans exception. Vous pouvez garder votre lien parental et autre si vous le désirez. C'est juste à vous d'accepter de lâcher cette vie qui ne vous appartient pas.

Alors quelle est votre véritable vie, et à quoi vous aspirez ?

Pas de panique, elle va naturellement s'imposer à vous, car plus vous fermez les portes de votre passé, plus vous libérez de la place en vous, et plus votre vraie vie va naturellement s'installer, car elle est déjà là, en vous, elle attend juste sa place.

Comment se libérer ?

Lorsque l'on se sent prêt à aller vers sa vraie vie, plusieurs méthodes peuvent être utilisées.

Vous pouvez par la méditation le faire, cela fonctionne très bien. La visualisation est aussi une bonne méthode. Le lâcher-prise bien sûr est important, car vous agissez à partir de vous. Il y a aussi le nettoyage de l'âme par des chants bouddhiques, ou le coaching peut aussi vous y aider. Vivre en pleine conscience, c'est important. L'acceptation de son moi intérieur en toute sincérité, et de tous vos besoins. Vous sentirez des blocages lorsque vous enclenchez le processus, mais les résultats vont tellement être l'encouragement, que vous continuez et surmonterez tous les obstacles en vous. Sois les peurs, la culpabilité, les autres, etc.

Foncez, le meilleur est à vivre. Vous avez droit à l'amour, à l'argent, à la paix. Tout vous est possible.

Amour ou attachement

Vivez-vous une relation d'amour, ou d'attachement ?

Vous pensez l'aimer ou être aimé, mais en fait vous êtes trop attaché, et n'arrivez pas à partir par faiblesse.

Vous vous battez pour faire vivre une relation par peur de vous retrouver dans la solitude. Vous vous soumettez, vous faites des compromis. C'est toujours plus facile d'être dans une relation même toxique ou difficile que de se retrouver seul.

La peur de la solitude et de ses démons

Beaucoup confondent amour, et attachement. Il est difficile de le distinguer tellement vous vous accommodez de la situation.

Ce qui va suivre devrait vous permettre d'avoir la possibilité de retrouver votre liberté.

Bien sûr, il est toujours difficile d'admettre, et pourtant au fond de vous votre petite voix vous dit que cette relation n'est pas fondée, et donc vous vous battez et vous vous épuisez.

La peur est un sentiment qui fausse toutes les bonnes réflexions. L'inconnu pour vous, c'est terrible. Sauter le pas de quitter ce qui est de l'attachement et pas un véritable amour vous terrorise.

Et pourtant, dans toute cette dualité, rester dans une relation sans amour est inconcevable. Cela vous fait souffrir. Vous ne l'aimez pas et il ne vous aime pas.

Vous vivez dans un mensonge réciproque.

Lorsque vous acceptez que votre relation est plus par confort que par amour, vous acceptez que vous n'êtes pas confortable et heureux. Vous rêvez bien sûr de ce grand amour, de la personne qui vous donnera ce bonheur.

Il est difficile de distinguer ses deux sentiments, car vous êtes dans votre propre flou émotionnel

L'amour

L'amour est quelque chose de naturel, de pur, de paix intérieure. Lorsque l'on aime, il n'est pas nécessaire de faire des efforts, des concessions. Tout se place naturellement entre les deux personnes. La peur de perdre l'autre, la peur de la solitude, la jalousie, autant de sentiments négatifs disparaissent. Nous sommes capables d'aimer dans cette sérénité que nous apporte ce sentiment et qui nous remplit. L'amour est un sentiment noble et sain. Avec l'amour, votre vie est dans le partage. Pas de mal-être. On pense à l'autre, on partage, on discute ouvertement, pas de cachotterie. La liberté dans une relation solide et réciproque. Pas de reproche, du partage dans le pire comme dans le meilleur. Un sentiment de plénitude. C'est comme une évidence.

L'attachement fait partie des relations toxiques. Des relations sans fondements, qui justement font naître en vous tout le contraire des sentiments amoureux. Soit : peur, jalousie, dispute, méfiance, etc. Vous avez du mal à vous débrouiller seul, vous voulez cette personne à vos côtés.

L'attachement est une addiction. Vous êtes obsessionnel par votre partenaire. Vous ne vous voyez pas vivre sans cette personne. Lorsque le partenaire s'éloigne, c'est la peur panique de la rupture, de l'abandon, de vous retrouver seul.

Il n'y a pas d'entente entre vous deux. L'autre est toujours responsable de…

Lorsque vous sortez d'une telle relation dite d'attachement, en général vous y laissez des plumes, car elle vous laisse des traces de souffrance. Vous avez du mal à vous libérer. Vous n'acceptez pas cet état de fait. Mais pas parce que vous l'aimez, juste parce que vous êtes face à vous-même et à ce que vous mettez en place par peur. Des relations d'attachements, mais pas d'amour.

Dans l'attachement, il n'y a pas de sincérité, d'honnêteté.

Avec l'attachement, vous ne vous souciez pas du bonheur de l'autre. Vous ne pensez qu'à satisfaire votre sentiment d'insécurité.

L'attachement est malsain et destructeur

La conscience

Lorsque vous êtes dans une relation et que vous prenez conscience des sentiments de souffrances, d'effort, de peur. Que dans votre tête vous échafaudez des plans, que vous ne vous sentez pas libre, alors admettez que cet attachement n'est pas de l'amour. Vous avez droit à l'amour, à cette paix qu'il vous donne, cette joie, ce bonheur intense au fond de vous, à cette légèreté qui vous transporte dans une forme d'insouciance, tellement vous êtes bien et heureux.

Une relation forcée ne durera pas dans le temps.

Se libérer de personne toxique

Se libérer des comportements toxiques dans une famille

C'est parfois compliqué de trouver des conseils, ou du soutien face à un comportement toxique familial. Vous serez souvent accusé à tort de ne pas être reconnaissant ou d'avoir un mauvais comportement vis-à-vis d'un membre de la famille ou plusieurs d'ailleurs.

Lorsque l'on touche la famille, c'est une tempête que l'on déclenche. À tort ou à raison, on vous demandera de changer votre manière de penser, ou de vous comporter.

Mais le vrai problème sera toujours éludé. Il ne faut pas faire remonter en surface les vieux dossiers.

Quoi qu'il en soit, c'est vous le fautif. Cette culpabilité d'éducation fait que l'on a du mal à se libérer du poids familial, du comportement toxique, qui nous lie à eux. Que se passe-t-il en nous face à ce désarroi, cette culpabilité, cette toxicité ?

Pas toutes les familles sont dans la capacité de nous apporter le soutien dont nous avons besoin.

La famille, c'est le lien du sang. Il y a des familles qui construisent, et d'autres qui détruisent.

Dans votre vie, vous aurez des amours et des amitiés qui ne peuvent se construire.

C'est idem pour la famille. Vous pouvez être issus d'une famille dont il faudra accepter de se libérer dans votre intérêt, mais aussi parfois dans le leur. C'est souvent à terme une libération.

Les comportements inacceptables

On vous culpabilise, on vous traite d'incapable, on veut que vous soyez ce qu'ils ont décidé sans respect de ce que vous êtes, on vous rabaisse, vous méprise, on ne s'intéresse pas à vous, à vos difficultés, à vos vrais besoins, à vos souffrances, on abuse de vous physiquement, on vous maltraite psychologiquement, et physiquement, on vous crie dessus, etc.

Vous avez grandi dans un de ses contextes. Vous vous êtes construit dans la douleur, dans la maltraitance, peu importe, le niveau. Pas d'amour en partage. Votre vision de la vie est faussée dès le départ, et vous vivez un ou plusieurs de ses comportements malsains infligés par votre propre famille. Vous ne connaissez pas d'autre fonctionnement.

Heureusement que parfois la vie vous fait prendre conscience que quelque chose ne fonctionne pas. Que toutes ses souffrances ne doivent pas faire partie de votre vie, et aussi que vous ne devez pas les reporter sur votre propre famille. Ce jour où vous ouvrez enfin les yeux, beaucoup d'émotions vont rejaillir en vous. Sûrement beaucoup de tristesse, de colère. Et c'est à ce moment-là qu'une petite révolution va avoir lieu en vous. Vous allez avoir besoin de l'exprimer.

Vous allez demander à votre manière réparation.

Mais que va-t-il se passer en face de vous ?

Vous allez avoir ces mêmes personnes dans l'incapacité de se comporter ou de reconnaître vos souffrances imposées.

Il faut que vous réfléchissiez à ce vécu douloureux, pour mieux le comprendre, mais aussi pour le changer. De par votre vécu, vous renvoyez dans votre vie toute cette maltraitance, et inconsciemment vous la faites vivre autour de vous. Parfois inconsciemment, et parfois consciemment.

Il faut accepter que tous ses fonctionnements ne soient pas les bons, même si vous n'en connaissez pas d'autres. Vous ressentez bien au fond de vous que cela ne fonctionne pas dans votre vie, et ne vous attire que du négatif, de l'obscurité. Notre chemin doit être dans la lumière. Cette lumière est pour tout le monde. Vous y avez droit vous aussi, malgré vos souffrances vécues. Bien sûr, vous ne les avez pas choisies, on vous les a imposées. C'est pour cela que vous pouvez les guérir et aller vers une vie meilleure.

Que pouvez-vous mettre en place pour cette libération ?

Donnez vous des autorisations. Vous avez le droit de :

Mettez-vous en colère si vous en ressentez le besoin. Exprimer là pour la libérer. Vous pouvez le faire dans la non-violence. Cela peut être dans du sport, dans le dessin, dans l'écriture, etc.

Ne cherchez pas à vous venger. Vous avez sûrement en face de vous des personnes qui sont dans l'ignorance. Elles sont dans l'obscurité, incapable de comprendre. Ne cherchez pas à faire comprendre, vous ne changerez rien à la situation. Vous allez perdre votre temps, vos précieuses énergies. Au bout du compte, rien ne changera. Accepter l'inacceptable.

N'ayez pas peur de faire sortir tout ce que vous ressentez. Consulter un coach, un psy. Un professionnel qui pourra en toute discrétion, vous écoutez, vous aider dans votre processus de libération, vous conseiller, faire émerger cette force qu'il vous manque.

N'ayez pas peur de couper le lien toxique, car il continuera à être alimenté. La seule manière de vous guérir et d'y mettre un terme.

En vous éloignant des personnes toxiques familiales, vous pourrez recommencer votre vraie vie. Il vous sera possible de vous réparer. C'est triste de penser qu'une famille puisse vous détruire une vie entière.

Mais on ne choisit pas sa famille. On choisit sa vie, ses amis.

Prenez le temps de ce recul et faites le deuil de ce qui vous a tellement fait souffrir. Gardez ses souffrances n'est pas constructif. Ne vous installez pas dans le rôle de victime. Vous êtes nombreux à avoir malheureusement cette expérience de vie.

Soyez fort, allez de l'avant, les liens toxiques sont des addictions, des dépendances, comme l'alcool, la drogue, etc. On peut toujours se désintoxiquer avec de l'aide et beaucoup de volonté.

La peur d'aimer

Pourquoi avons-nous peur d'aimer ?

Vouloir aimer, être dans la peur de libérer ce fabuleux sentiment qui est l'amour, et pourtant qui paraît impossible à certains.

L'amour fait partie de notre réalisation personnelle. C'est un but dans notre vie.

Et pourtant cette démarche, cette libération est quelque chose d'extrêmement difficile. La peur d'aimer, la peur de souffrir, de ne pas savoir comment faire pour aimer, tant de questions chez beaucoup d'entre nous.

Cette peur, c'est installé au fil des années en nous. Nous avons tous notre vécu en la matière, et à force de ressenti d'échec, d'incompréhension, de rupture, de souffrance, nous ne réussissons pas à libérer l'amour tel que nous rêvons pour la plupart d'entre nous.

Et si toutes ses souffrances venaient du fait que nous n'ayons jamais aimé, et que nous ne savons pas comment faire. Posez-vous la question sur vos relations passées. Êtes-vous sûr d'avoir aimé, ou tout simplement, vous étiez dépendant de vos fonctionnements ? Peur de la solitude, dépendance affective, etc.

Qu'est-ce que ce sentiment d'amour, et le connaissez-vous ?

L'amour est inconditionnel. Il n'y a pas de sentiment de jalousie, de peur, de manipulation, de besoin, de mensonges, de disputes, d'intérêt, etc.

L'amour est simple, naturel, il se construit tous les jours un peu plus avec votre partenaire. L'amour, c'est laisser la liberté à l'autre, c'est la confiance mutuelle, c'est le respect, c'est sans intérêt, etc.

Ce sentiment est noble et pur. Pourquoi en avons-nous peur alors qu'il est doux et agréable et peut vraiment nous remplir, nous rendre heureux ?

Cette peur vient de nos dysfonctionnements, de notre éducation, de nos souffrances que l'on associe à ce sentiment sans l'avoir jamais connu.

On se trouve toujours un million de raisons de ne pas aimer, mais si cette fois cela fonctionnait ?

Que se passerait-il en vous, si pour une fois, c'était vraiment différent ?

Si vous compreniez et accepté que les relations précédentes étaient comme un apprentissage pour comprendre que vous êtes fait pour aimer et recevoir l'amour sincère de l'autre.

C'est très difficile de le comprendre de l'accepter, mais cela n'est pas impossible. C'est une décision personnelle, c'est une décision de confiance avec vous-même. Votre propre confiance en vous dans la capacité d'aimer sincèrement, sans peur, et sans calcul. La confiance en vous d'être capable de libérer ce sentiment enfoui et pourtant existant. On reçoit ce que l'on renvoie. Si vous envoyez des signaux d'amour pur sans condition, la personne en face réagira de la même manière et vous renverra le même signal.

Si vous envoyez des signaux de dysfonctionnement, vous recevrez le même ou les mêmes dysfonctionnements. C'est votre miroir, en quelque sorte, qui ne vous conviendra pas et qui vous fera souffrir, car vous serez face à vous-même.

Apprenez à identifier vos dysfonctionnements dans le domaine de l'amour, et à les accepter.
S'accepter tel que l'on est et identifier nos imperfections est toujours un défi. Nos miroirs jouent justement un rôle essentiel dans ce processus si nous sommes prêts à l'accepter.

N'ayez pas peur de vous, ou de l'autre, changez ce qui ne fonctionne pas. Le temps est votre meilleur allié. Vous pouvez y arriver et vous y arriverez. Croyez-vous-en, en vos capacités, en vos envies.

Vos histoires, vos relations ne doivent pas être vécues comme un échec, comme une déception, mais comme un apprentissage nécessaire pour aller vers ce magnifique chemin qui est l'amour.

Cette immense paix devant ce merveilleux sentiment qui sommeille en nous tous.

« La peur n'évite pas le danger. »

Dysfonctionnements du couple

Les disputes au sein du couple et les enfants

Avez-vous conscience que vos disputes, vos malaises dans votre couple rend malheureux vos enfants ?

Quand un enfant fait son entrée dans un foyer, il établit son premier lien familial et découvre naturellement le monde extérieur.

Dès son arrivée, l'enfant a besoin de vivre dans un environnement serein, paisible, accueillant, chaleureux, fait d'amour et de paix. Cet environnement va lui permettre à l'âge adulte d'être une personne équilibrée, non-violente, non-pervers, non-manipulateur.

On ne peut pas avoir un équilibre à 100 %, mais un environnement tranquille va contribuer à une personne saine. Si votre enfant, dès son arrivée ou même après, est confronté à des parents hostiles, violents, vulgaires, manipulateurs, menteurs, et que des disputes sont leur quotidien, alors l'enfant sera le reflet de ses parents malveillants.

Désirez un enfant et le mettre au monde demande de la réflexion. On fait un enfant que si l'on est soi-même en mesure de l'accueillir. Faire des enfants pour leur imposer vos propres souffrances n'est pas dans l'ordre des choses.

Dès le départ, les parents sont le pilier de l'enfant. Les bases de leur développement comportemental vont s'établir en fonction de vous. De vos comportements. L'enfant vous observe, et tout se joue à ce moment-là. Il apprend le comportement de la vie.

S'il assiste à des disputes, à de la violence, à des comportements agressifs, physiques ou verbaux, cela va provoquer chez l'enfant même en bas âge de la sédimentation des émotions qui vont s'imprégner dans sa mémoire. Ne pensez surtout pas qu'un enfant, même tout petit, ne sent pas que quelque chose de négatif se passe. Même s'il ne traduit pas le problème, il le ressent. C'est justement ce ressenti qui va laisser une empreinte indélébile en lui.

Si dans le foyer il n'y a pas d'amour parental, pas de respect et que les rôles ne sont pas bien définis, l'enfant va penser que c'est la seule manière de se comporter. Et va l'enregistrer. Lorsqu'il arrivera à l'âge de socialiser, il prendra conscience de l'existence d'autres modes de fonctionnement en interagissant avec différentes familles. À ce stade, il pourrait ressentir de la jalousie ou d'autres émotions négatives envers ceux qui mènent une vie plus sereine. À l'inverse, il pourrait aussi apprécier davantage sa propre vie. Tout dépend du contexte familial.

Les dégâts seront déjà faits.

Nous n'avons pas de mode d'emploi pour être parent. Mais votre enfant ne devrait pas subir vos comportements. Vos scènes de couple, vos discussions négatives, vos critiques, le fait que vous le prenez à partie dans vos histoires.

Vous devez désirer cet enfant pour les bonnes raisons et non pas pour les mauvaises : je fais un enfant pour le garder, je fais un enfant pour consolider mon couple, j'impose un enfant même s'il n'en veut pas, etc. Les causes sont multiples.

Évitez d'utiliser votre enfant comme monnaie d'échange, car votre couple bat de l'aile. Faites en sorte que votre enfant ne soit pas témoin de vos problèmes. Il faut protéger votre enfant. Ne restez pas en couple si cela ne fonctionne pas. Quand on est en couple pour les mauvaises raisons, on a aussi des enfants pour de mauvaises raisons. Mais que vous ayez décidé de subir, c'est votre choix. Votre enfant lui n'a pas choisi. Vous choisissez pour lui et vous lui imposez ce que vous acceptez.

Vous faites démarrer votre enfant sur un mauvais chemin, vous ne lui donnez aucune chance d'être heureux, libre et équilibré.

Alors, remettez-vous en question, et protégez votre enfant parce que vous l'aimez. Éduquez-le dans un environnement sain. L'argent n'a rien à voir. L'amour, le respect, le bien-être, c'est tout ce que cet enfant vous demande. Une vie en équilibre. L'amour et un environnement sain. Il grandira dans un bon état d'esprit.

Je ne fais plus partie de tes options

Tu comptes énormément pour moi, et pourtant, le moment est venu pour moi de me retirer de ta liste de choix.

Tu n'as jamais été capable de dire ce que je représentais pour toi. Pourtant, je pense que tu pouvais t'exprimer. Bof, à ce jour, peu importe, nos pensées, voire nos ressentis, ce sont les actes qui comptent.

Je n'ai pas le souvenir de ce que tu as fait pour moi. Tes indécisions sont peut-être des décisions.

Je me suis tellement posé de questions sur cette relation. J'en ai tellement souffert de ne jamais avoir un signe, une réponse. Aujourd'hui, je suis libéré de ne pas savoir.

Quelles que soient les difficultés, et tant pis pour les larmes que je peux encore verser sur toi, sur nous, je ne peux pas être une option pour toi. Et être à ta disposition de quand tu décides que tu veux me retrouver.

Je ne m'attends pas à ce que tu modifies ton comportement, parce que tu m'as clairement fait comprendre que ta vie avec moi n'était pas ton choix.

Même si je sais que je ne peux plus être l'une de tes options, c'est difficile pour moi de l'accepter, et je me sens perdu, de toute façon, faut que je t'oublie pour ma survie bien-être.

Je réalise que je ne me suis jamais sentie sous une telle emprise.

Je ne sais pas de quoi sera fait demain. Tout ce que je sais, c'est que tu ne peux pas (ou ne veux pas) être ici.

Je me suis libéré, car je t'ai exprimé ce qui était nécessaire pour moi. J'ai pris conscience que ma vie était importante ainsi que le temps.

J'ai compris que parfois, il n'y avait parfois pas de fin exprimée, et je l'accepte. J'ai enfin compris que je peux encore avoir un nouveau départ, une nouvelle vie sans toi, car tu n'es pas indispensable à mon bonheur.

En fait discréditer notre histoire, ou toi ne m'intéresse pas. C'est encore te donner trop d'importance et une perte de temps.

Ce qui est sûr pour moi, c'est que tu ne désires pas être ici à mes côtés. M'enlacer, mettre avec ton bras autour de moi. Ma décision est prise, j'ai décidé de poursuivre ma route, ma vie avec quelqu'un qui le fera.

Aujourd'hui, je suis dans les bras d'un homme qui ne me laisse pas douter de son intérêt pour moi, avec qui l'échange est normal dans les discussions, qui se sent libre, qui ne me cache rien, qui ne fuit pas devant mes questions.

Je réalise aujourd'hui que je ne sais même pas ce que nous étions, ce que nous faisions ensemble. Tu n'as jamais été capable de m'apaiser, de me parler. Tu as fui chacune de mes questions.

Et pourtant, tu n'as jamais complètement fermé la porte à nous.

Mais cette fois-ci, si je veux me respecter, je préfère te quitter.

Je ne peux pas continuer à te demander si tu veux être honnête, et à attendre indéfiniment quelque chose que tu ne me donneras jamais.

Je suis fatigué, mon cœur est meurtri, et ce qui m'a fait le plus de mal, c'est que tu puisses penser que je te force dans tes sentiments dans tes choix.

Je pars dans la sérénité, je te laisse aujourd'hui à tes choix, à tes doutes.

Merci de m'avoir fait comprendre qu'ensemble, on est deux. On est jamais seul ensemble.

Affronter les situations anxiogènes

Les situations anxiogènes sont à l'heure actuelle générées par les médias, la télé, les réseaux sociaux, etc. La plupart du temps. Mais cela peut aussi venir d'une vie trop solitaire, d'un travail qui ne vous correspond pas ou plus, d'un gros changement dans votre vie, etc.

Le fait d'entendre et de voir au quotidien des informations négatives va générer un stress inconscient, et fera de vous une personne anxiogène avec le temps.

Votre cerveau enregistre au quotidien à petite dose ses informations. Chaque fois que vous abordez un des sujets actuels, ou une situation mal vécue avec une tierce personne, ce stress remonte.

Vous vous programmez inconsciemment. Cette remontée d'info déclenche en vous une nervosité, une peur ou autre, qui fait que vous devenez une personne anxiogène.

Ce sentiment est insidieux, car il s'installe progressivement au fil des jours, sans que vous en ayez conscience. Ce sentiment est envahissant.

Êtes-vous dans un état anxieux ?

Il est courant d'être dans un sentiment d'anxiété ponctuel. En revanche, un trouble anxieux répétitif est à prendre au sérieux. Ce sentiment peut modifier le cours de votre vie défavorablement. L'isolement, ne plus être dans la communication, devenir par peur du stress insociable en quelque sorte.

Les symptômes que l'on retrouve la plupart du temps et qui traduisent cet état sont :

Un stress important ;
Des douleurs abdominales ;
La sensation d'étouffer, difficultés respiratoires ;
Des palpitations ;
Des tremblements ;
Des troubles du sommeil ;
Des bouffées de chaleur ;
Des frissons ;
Des diarrhées ou au contraire une constipation ;
Des vomissements parfois.

Votre anxiété est-elle normale ?

Vous devez rester attentif à votre comportement. Bien souvent, c'est une tierce personne qui nous en fait prendre conscience ou des événements difficiles à affronter.

C'est important de distinguer une situation anxiogène classique d'un état anxieux, disproportionné et récurrent.

L'anxiété lors d'un examen, d'un nouveau travail, d'une difficulté financière, etc. est normale et parfois nécessaire. Bien qu'aujourd'hui, il est possible d'affronter toutes ses situations sans pour cela générer du stress ce qui nous permettra de les aborder avec plus de clarté, car le stress est perturbateur dans les décisions et pas forcément objectif devant le choix que nous allons faire.

Face à une situation anxiogène, vous pouvez prendre du recul, prendre une bonne respiration, et vous posez la question de la nécessité de déclencher du stress à ce moment-là.

Bien qu'aujourd'hui, il est possible d'affronter toutes ses situations sans pour cela générer du stress, ce qui nous permettra de les aborder avec plus de clarté, car le stress est perturbateur dans les décisions et pas forcément objectif devant le choix que nous allons faire.

Face à une situation anxiogène, vous pouvez prendre du recul, prendre une bonne respiration, et vous posez la question de la nécessité de déclencher du stress à ce moment-là.

Est-ce que cette situation nécessite que je me mette dans cet état ?

Est-ce que c'est ancré en moi ?

Est-ce que ce stress se déclenche indépendamment de moi ?

Est-ce que je peux vivre sans lui ?

Est-il installé en moi un peu comme une drogue, une nécessité de le faire remonter en surface ?

Créer de l'espace dans votre vie

Faire de l'espace chez soi, c'est créer de l'espace dans sa vie

Vous aimez cumuler les objets, les meubles…

Vous vous sentez confortable avec toute cette accumulation.

Jetez-vous est impossible et vous avez tendance à accumuler, à garder, à stocker.

Certains objets ou meubles peuvent être reliés aussi à de l'affectif, un héritage familial, un lien parental. Ils peuvent aussi représenter une certaine valeur numéraire à vos yeux.

Pourtant, cumuler, garder, stocker envahit votre espace vital et cela envahit votre vie.

C'est sûrement rassurant d'avoir autant de choses dans vos armoires, dans vos placards.

Vous remplissez votre maison d'objets que vous aimez, sans avoir conscience que vous prenez l'habitude d'accumuler. Cela peut devenir chronique. Un besoin inconscient.

Vous rangez par-ci par-là, vous déposez des objets où vous le pouvez, un meuble en plus, un chemisier, une paire de chaussures supplémentaires…

Vous vous retrouvez avec beaucoup de choses dont vous n'avez même pas besoin ou qu'en fait vous ne voulez pas.

Qu'elle impacte sur votre vie, cela peut avoir ?

1 – Une maison trop remplie ne laisse pas d'espace en vous. De ce fait, cela peut être gênant dans votre vie affective. La personne qui partage votre vie peut ne pas trouver sa place au sein de votre couple.

2 – Vous pouvez vous sentir nostalgique en regardant tous ses objets, ses meubles. Ils peuvent vous renvoyer à des souvenirs qui ne sont pas forcément bons pour vous. Cela peut générer du stress, de la tristesse…

3 – Vous pouvez vous sentir bloqué.

Le fait d'être envahi vous empêche de bouger, de déménager. C'est un frein au mouvement. La masse que vous visualisez vous bloque.

L'encombrement dans une maison peut être une source de stress, car cela vous oblige à chercher davantage un objet, à ne plus avoir envie de faire du ménage, et par ce fait accumuler les tâches ménagères.

Avec le temps, vous allez vous retrouver débordé, et ne plus savoir par quel bout commencer.

Mes conseils

Débarrassez-vous des vieux meubles encombrants, sans valeurs. Un vieux meuble a vécu et a bien souvent des énergies pas forcément positives dont votre maison s'imprègne.

Jetez, donnez. Videz tout ce qui est inutile. Ne vous rattachez pas au souvenir.

Votre vie, c'est aujourd'hui, votre futur, c'est demain.

Le passé doit rester où il est. C'est passé.

Si vous aimez collectionner, trouver une pièce dédiée à votre collection. Évitez que cette collection déborde dans votre espace vital.

Elle doit être à part.

Faites de la place dans vos placards de cuisine, de vaisselle.

Avez-vous besoin d'autant de plats d'assiettes, de casserole, de petits électroménagers que vous stockez, car vous le remplacez par du moderne ?

Ouvrez les placards des chambres. Videz-les et rangez convenablement vos tee-shirts, vos pulls, vos chemisiers, vos pantalons…

Pensez-vous mettre tout ce que vous avez cumulé ? Vous avez grossi ou maigri, et vous pensez remettre ses vêtements. Vous ne le ferez pas, car on est dans un mode de consommation. On achète facilement, et on cumule le vieux au lieu de le donner.

Vous achetez deux tee-shirts, vous donnez deux tee-shirts.

Faites des roulements avec vos habits, vos chaussures, votre linge de maison…

Pensez-vous avoir besoin d'autant de draps, de serviettes de toilette, de nappes ?

Vous n'utilisez pas la moitié de ce que vous avez dans vos placards.

Changez votre manière d'acheter.

Ce n'est pas indispensable.

Une maison propre, ordonnée, avec de l'espace à vivre, des couleurs claires, des plantes vous apportera un bien-être dans tous les domaines.

Vous apprécierez de faire votre ménage, de recevoir des amis, car vous serez confortable chez vous.

De l’ordre chez vous, c’est aussi de l’ordre dans votre vie. Laissez circuler les bonnes énergies.

J'ai besoin de toi, de quelqu'un

Je ressens le besoin de me sentir guidé, conseiller, d'une épaule. Je désire m'en remettre à toi. C'est à cause de ma force que j'ai besoin de quelqu'un. J'ai besoin d'un homme, parfois, non pas parce que j'ai besoin de savoir quoi faire, mais parce que j'ai besoin d'un homme fort, que j'admire, qui est là, qui me fait vivre, vibrer. Cet homme qui pense à moi, qui me comble. Qui me remplis.

Je suis lasse de gérer, de décider, de faire… Je ne veux plus le rôle principal pour avancer dans ma vie. J'ai compris ce dont je suis capable ou pas. J'ai compris ce qui me comble ou pas. J'ai compris ce que je peux déclencher comme attention chez les autres. Que je suis capable de briller, de susciter de l'attention. De déclencher de la jalousie de par cette force qui est présente en moi. Je brille dans ma propre réussite, celle qui est à mon niveau, celle qui me ressemble.

Aujourd'hui, je sais que ce que je désire, c'est toi. Toi que je ne connais pas, toi que j'espère trouver sur ma route, toi qui vas comprendre ce combat de toute une vie, ou d'une partie de ma vie.

Pour une fois, je n'ai aucune conclusion sur ce désir, et cette peur qui est en moi. Cette peur de te laisser la place dans ma vie. Cette peur de ne pas savoir m'imposer dans la tienne.

Donc, même si je te veux, je ne vais pas te courir après, je vais rester silencieuse, je vais espérer doucement, car tu vois, je suis maladroite, car je n'ai pas appris. Oui, je n'ai pas appris à aimer. Je crois que je suis comme une jeune adolescente éprise, dont le cœur bat, qui est comme un funambule sur son fil à chaque pas que je vais faire vers toi.

Alors je te dis tous ses mots pour que tu m'aides à venir vers toi. Pour que tu me comprennes. Pour que tu sois plus courageux que moi dans cette démarche.

Je peux simplement être moi-même et c'est amplement suffisant.

Et même si cela peut changer d'un jour à l'autre, il peut toujours m'arriver de rugir, mais la plupart du temps, je vais simplement ronronner.

Alors, si tu me veux, viens me chercher.

Mes yeux te diront toujours la vérité, même si tu ne veux pas toujours l'entendre, car cette fois je suis tout simplement moi-même.

Apprendre à se faire confiance

Apprendre à avoir confiance en soi est difficile, et demande du temps selon la personne.

Son parcours, son acceptation, sa compréhension.

Lorsque l'on rencontre une nouvelle personne dans sa vie, il faut prendre le temps. Le temps de comprendre ce que cette personne déclenche en vous.

N'hésitez pas à vous poser des questions. Les bonnes questions.

Il y a toujours le moment où waouh on s'emballe, on désire, etc.

Mais au-delà de ce ressenti que se passe-t-il en vous ?

Sans y mettre d'intention ?

C'est lui, je le veux ? C'est l'homme de ma vie ?

J'attends, je le revois, j'approfondis, je m'interroge ?

À vous de faire votre choix.

S'emballer ne vous amènera pas forcément sur le bon chemin, car c'est souvent notre mauvais fonctionnement qui rejaillit à ce moment-là.

Je prends le moment présent, soit peut-être un moment de partage voir plus.

Si on prend le temps d'aller chercher au fond de soi, on peut y découvrir que cette rencontre, finalement, n'est pas la bonne, car cette personne est votre reflet, et on ne le voit pas vraiment pour ce qu'il est. Il est le reflet de nos intentions, mais pas de l'amour que vous cherchez.

C'est vous que vous voyez au travers de lui.

Il faut apprendre à prendre du recul, à découvrir la personne, son fonctionnement qui n'est pas forcément le vôtre, mais qui peut être complémentaire, et renforcer vos manques, donc vous apportez un équilibre.

C'est vous que vous voyez au travers de lui

Il faut apprendre à prendre du recul, à découvrir la personne, son fonctionnement qui n'est pas forcément le vôtre, mais qui peut être complémentaire, et renforcer vos manques, donc vous apportez un équilibre.

Apprendre à ne pas confondre entre vos mauvais schémas et répétitions de mauvaises rencontres, et bonne rencontre, celle qui va vous permettre de construire d'avancer, de réaliser.

Se libérer des rencontres toxiques, des répétitions, d'attirances négatives.

Changez votre regard sur vos besoins réels, fouillez-vous-en, lâchez ce qui doit l'être, sortez de vos dénis, et l'univers mettra sur votre route la bonne personne.

Le pouvoir est en nous

Le pouvoir est en chacun de nous

Il y a sûrement plusieurs questions que vous vous êtes posées plusieurs fois au cours de votre existence.

Comment serait ma vie si j'étais riche ? Comment serait ma vie si j'étais connu et reconnu ? Comment serait ma vie si j'étais différent(e) ?

Si j'arrivais à me comporter comme ceci ou comme cela, etc.

Autant de questions qui vous submergent, et auxquelles vous pensez ne pas pouvoir répondre, et surtout vous pensez que tous ses désirs ne vous sont pas accessibles à vous, alors que chez les autres cela fonctionne.

Pourtant, par vos efforts de fonctionnement, tout peut vous être accessible.

Nous avons une chance incroyable d'avoir ce pouvoir en nous, mais il faut y croire et aller le chercher à la source.

Grâce à la pensée positive, à la prière, et à la puissance de l'univers, nous possédons toute la capacité de réussite.

Le principe créateur de la pensée.

Lorsque vous êtes né, toutes les ressources étaient déjà présentes. Regardez autour de vous, que voyez-vous ?

Si vous désirez voir tout en noir, alors vous ne verrez que du noir.

Regardez le ciel bleu, le soleil briller, respirez à pleins poumons cet oxygène qui est vital à votre existence, et qui est une vraie source d'approvisionnement divin.

L'air est sans fin, pensez que chaque respiration est votre source d'approvisionnement et que cet air vous régénère.

Vous devez adopter le bon comportement pour jouir pleinement de votre vie, et de vos richesses intérieures.

Vous devez avoir un bon comportement vis-à-vis de vous, des autres, de l'argent, etc.

Que veut dire avoir un bon comportement ?

Vis-à-vis de vous, c'est déjà prendre conscience de qui vous êtes, vous. Ne cherchez pas à être un ou une autre. Acceptez-vous tel que vous êtes en toute conscience, et vous pourrez ainsi modifier ce qui ne fonctionne pas chez vous, mais aussi ce que vous désirez être.

Quelle attitude avoir vis-à-vis des autres ?

Être jaloux, envieux, mentir, manipuler pour obtenir, etc. Autant de comportements qui vous ferment les portes.

Une attitude positive, c'est accepter ce que vous pensez qu'il vous soit possible de faire. Votre transformation se fera à ce moment-là, car vous prendrez conscience de vos multiples possibilités. Concentrez-vous sur vous.

Par exemple : vous cherchez un travail. Tous les jours, répétez : j'ai un nouveau travail, je me sens épanoui, et heureux.

Plus vous y croirez et plus vous allez le réaliser. Ce nouveau travail va se présenter à vous. Ne cherchez pas comment ni par quel biais vous allez l'obtenir. Demander avec foi, et croyance, et surtout évidence. Adoptez un comportement d'une personne bien heureuse, autorisez-vous cette manière de penser, et vous serez surpris de voir avec quelle rapidité vous obtiendrez votre demande.

N'attendez pas que les autres vous prennent en charge ou qu'ils soient toujours compatissants. Vous êtes le seul capitaine de votre navire, de votre cœur. Écoutez-le vous parler, laissez-lui la tâche de vous guider. Votre cerveau est formaté. C'est comme un ordi dans lequel vous avez rentré vos propres sources de navigations qui ne sont pas les bonnes, car formaté, par vos fausses croyances, et peu importe la source.

Apprenez à écouter la vraie source. Votre cœur.

Les autres ne peuvent pas être vous. Ne leur demandez pas d'être ce qu'ils ne sont pas.

Vous avez la possibilité, par des attitudes positives au quotidien, d'apprécier ce que le moment présent vous donne, de respirer cet air, de vous renouveler, de vous régénérer et d'obtenir de belles choses.

Votre vie est votre reflet. Pensez-y

Si vous êtes dans la négativité, vous n'attirerez que du négatif. Si vous êtes dans la manipulation, le mensonge alors votre vie sera ce fonctionnement, et vous attirerez la même chose. Si vous avez décidé de vous plaindre au lieu d'avancer, vous ferez fuir les gens et vous stagnerez.

Méditez, priez, croyez en cette force supérieure, et en votre possibilité de créer.

Si vous créez du négatif, vous pouvez créer du positif, de la joie, de l'amour, de l'abondance.

Toute votre réussite est dans votre état d'esprit.

Exemple : vous êtes née dans un milieu défavorisé. Pourquoi devriez-vous vivre cette vie pour toujours ? Le choix des autres n'est pas le vôtre. À vous de vous créer un autre contexte de vie, celle que vous avez envie de vivre au fond de vous.

Votre vie vous appartient. À vous de la construire et d'y croire.

Le fruit de nos pensées

Comme nous pensons, nous sommes.

Nous sommes le reflet de nos pensées.

Nos actions naissent de nos pensées, consciemment ou inconsciemment.

Nos actions ne pourraient pas naître autrement.

La joie, et la souffrance viennent de nos pensées.

C'est pour cela que nous récoltons ce que nous semons.

Vos pensées sont négatives

Exemple : la jalousie, la colère, la manipulation, être envieux, se plaindre, etc.

Nous récolterons autour de nous ce fonctionnement, car nous le renvoyons.

Ce sont des comportements qui nous emprisonnent l'esprit et notre vie.

Nous récoltons du mauvais, car nous envoyons du mauvais.

Nos pensées sont belles et positives

Exemple : de l'amour, de la joie, de la gaieté, de la sérénité, de la bienveillance, de l'altruisme, de la compréhension, de la bonne humeur, etc.

Ses comportements ne peuvent que vous mener à une belle réussite et un bel épanouissement dans votre vie.

Un caractère jovial n'est pas le hasard. C'est simplement que la personne se comporte et pense avec droiture. C'est un travail de tous les jours, qui font que l'on entretient des pensées pures et nobles, et pourquoi pas divine.

Un caractère sombre, impur et noir est le fruit de pensées basses, et viles. C'est aussi un travail d'entretien au quotidien de rester dans l'obscurité, et d'envoyer de l'obscurité.

Nous avons chacun en nous le pouvoir de nous construire ou de nous déconstruire.

Personne n'en est la cause si ce n'est nous-même.

Tous les pouvoirs sont en nous. On y croit ou pas, et pourtant…

J'entends souvent : « Je ne peux pas être heureuse, je n'ai pas de chance, on ne m'aime pas, je n'aurai jamais d'argent, etc. »

Je réponds à chaque fois : « Et pourquoi d'après vous, vous n'y aviez pas droit ? »

Réponse : parce que chez moi, dans ma famille, on vit comme cela. Nous n'avons pas d'argent, pas de chance. C'est mon héritage familial.

Je réponds : pensez-vous que c'est une obligation que votre vie soit identique à celle de votre famille ? Où pensez-vous que vous pouvez être différente ? Avoir une vie différente ?

Réponse : je ne vois pas comment je pourrais avoir une autre vie.

Dans ces quelques lignes, tout est dit

Ces personnes restent dans le même moule, car elles n'ont pas droit à autre chose.

Et pourquoi ? Car on ne leur a pas enseigné que le pouvoir était en eux, et que le choix leur appartenait d'être ou pas.

En fait, toute votre vie est faite de bons et de mauvais choix. Mais un mauvais choix peut se rattraper par un bon choix.

Lorsque vous faites le bon choix, il est pur et noble. La réalisation ne se fait pas attendre, car vous êtes sur le bon chemin.

Lorsque vous faites un mauvais choix avec des pensées impures, alors la réalisation va se faire, mais de la même manière que vous l'avez pensé. Ce qui au début semblera bien, deviendra compliqué, difficile, et un échec.

Cette base est immuable.

Exemple de comportement à adopter dans notre manière de penser

Vous êtes issu d'une famille très modeste, et vous rêvez d'être riche un jour, de ne plus vous priver, de ne plus avoir de difficultés financières, etc.

Vous en avez le pouvoir à une condition.

La première est de vous autoriser à être riche, à vivre dans l'abondance. Si vous n'y croyez pas vous-même, si vous pensez ne pas le mériter, alors comment voulez-vous que ça vous arrive ?

Dites-vous, dans un premier temps, que vous y avez droit et que l'abondance est dans votre vie autour de vous. Ne cherchez pas comment vous allez y arriver. Chercher dans un premier temps à ancrer en vous cette possibilité. Persuadez-vous de vivre dans cette abondance avec joie, accueillez-la dans votre vie. Plus vous penserez de la sorte et plus les portes vont s'ouvrir à vous et des événements se présenteront à vous pour obtenir cette abondance. Ne soyez pas pressé, accordez-vous du temps, car tous les jours, vous allez placer cette abondance en vous inconsciemment.

La réussite est en vous, et tout le monde y a droit.

Cette manière de penser est valable dans tous les domaines.

L'amour : recevez en abondance de l'amour, découvrez toute cette richesse d'amour en vous. Ne cherchez pas à l'extérieur ce qui est déjà en vous. De l'extérieur, un complément viendra vers vous.

Ne forcez pas les choses, installez-les en vous et croyez-y.

Regardez autour de vous la nature, elle a le pouvoir de se renouveler toute seule. Elle n'a nullement besoin de nous. La nature est abondante. Regardez les forêts sauvages. Elles fleurissent, elles sont vertes et abondantes. Cet exemple est la même chose pour nous. Nous avons en nous les mêmes pouvoirs que la nature.

Pour changer votre manière de penser, et aller vers votre propre abondance, vous pouvez, vous aidez de vidéo sur YouTube. Par exemple :

– James Allen, *L'homme est le reflet de ses pensées* ;

– Joseph Murphy, *Le pouvoir de votre subconscient*.

Il y en a d'autres, mais je m'appuie sur eux, car ils sont en quelque sorte précurseurs en la matière.

Les discussions stériles

Nous traversons tous des périodes de désaccords dans notre vie, et cela est tout à fait normal.

Cependant, il est essentiel de pouvoir faire la distinction entre leurs origines et de rechercher des solutions. Parfois, certaines batailles sont vouées à l'échec dès le départ. Il est important de comprendre que nous ne pouvons pas changer ce qui ne doit pas l'être, car cela relève de circonstances indépendantes de notre volonté.

Perdre notre temps et notre énergie dans des situations stériles et non productives n'est généralement pas bénéfique pour notre bien-être et notre épanouissement personnel. Il est important de choisir judicieusement où nous investissons notre temps et notre énergie.

Lorsque nous sommes confrontés à des discussions stériles ou à des situations sans issue, il peut être préférable de considérer d'autres alternatives. Cela ne signifie pas nécessairement abandonner ou éviter les conflits, mais plutôt chercher des approches plus constructives et productives.

Voici quelques suggestions pour éviter de perdre inutilement du temps et de l'énergie :

Évaluez l'importance : Demandez-vous si la situation ou la discussion en vaut vraiment la peine. Est-ce un sujet crucial pour vous ou pour les personnes impliquées ? Si ce n'est pas le cas, il peut être préférable de laisser aller et de concentrer vos efforts sur des domaines plus significatifs.

Choisissez vos combats : Sélectionnez attentivement les batailles dans lesquelles vous souhaitez vous engager. Tous les désaccords ne méritent pas une attention intense. Identifiez les problèmes clés qui nécessitent votre investissement émotionnel et énergétique, et concentrez-vous sur ceux-là.

Soyez conscient de vos limites : Reconnaissez vos propres limites et acceptez qu'il y ait des choses que vous ne pouvez pas changer. Concentrez-vous plutôt sur les aspects sur lesquels vous avez un certain contrôle et où vous pouvez apporter une réelle contribution.

Privilégiez les solutions : Au lieu de vous attarder sur les problèmes, orientez-vous vers la recherche de solutions.

Passez à l'action et recherchez des moyens concrets d'améliorer la situation. Cela peut être plus gratifiant et productif que de rester bloqué dans des discussions stériles.

Préservez votre bien-être : Votre santé physique et mentale est primordiale. Si une situation vous épuise émotionnellement ou vous affecte négativement, il est essentiel de protéger votre bien-être en prenant du recul, en vous entourant de soutien et en vous donnant le temps nécessaire pour récupérer.

Choisissez des interactions positives : Entourez-vous de personnes qui nourrissent des discussions constructives et respectueuses. Privilégiez les échanges qui favorisent la croissance mutuelle et la recherche de solutions plutôt que ceux qui prennent votre énergie.

Apprenez à lâcher prise : Parfois, la meilleure décision consiste à lâcher prise et à accepter que certaines situations ne sont pas sous votre contrôle. Concentrez-vous sur ce que vous pouvez changer et sur les actions qui vous permettent de progresser.

En conclusion, il est important de reconnaître la valeur de notre temps et de notre énergie et de les investir de manière judicieuse. Lorsque vous vous trouvez face à des situations stériles, réévaluez vos priorités, concentrez-vous sur des solutions constructives et préservez votre bien-être.

Acceptez de mettre fin à la discussion : Parfois, il est préférable d'accepter que la discussion n'aboutira pas à un consensus et de décider de mettre fin à celle-ci. Il est nécessaire de reconnaître que certaines personnes peuvent avoir des opinions profondément enracinées et qu'il est difficile de les faire changer d'avis. Dans ce cas, il vaut mieux préserver la relation en évitant de s'enliser davantage.

Il faut accepter que toutes les discussions ne puissent pas être résolues et que chacun ait le droit d'avoir ses propres opinions.

Parfois, il est préférable de mettre de côté les désaccords et de se concentrer sur des aspects plus positifs de la relation.

Acceptez l'imperfection : Il est important de se rappeler que toutes les actions entreprises ne seront pas parfaites et qu'il peut y avoir des obstacles en cours de route.

Acceptez ces imperfections comme faisant partie du processus et continuez à ajuster votre approche en fonction des résultats obtenus.

N'oubliez pas que l'action peut être plus productive que de rester bloqué dans des discussions stériles. Engagez-vous à passer

à l'action, à explorer des solutions concrètes et à progresser vers vos objectifs.

Affirmations positives

Voici quelques affirmations positives que j'ai imaginées pour vous, à répéter selon votre situation et votre état d'esprit.

Confiez-vous

Il est crucial de partager vos préoccupations avec une personne de confiance. L'expression libère, favorisant la prise de conscience de votre situation et peut même faire émerger des solutions de votre part. Cela offre une perspective différente sur votre situation. Choisissez une personne fiable, attentive et compréhensive à qui vous pouvez vous confier en toute confiance.

Améliorez son état d'esprit

J'apprécie ma vie et je décide de cultiver le bonheur en moi. Je perçois de nombreuses opportunités qui s'offrent à moi. Les portes que je croyais closes sont désormais grandes ouvertes.

Je manifeste l'abondance, car je suis en harmonie avec elle. Les opportunités se présentent et mes revenus croissent chaque jour. J'apprécie l'argent, le considérant comme un allié, non une nécessité. Il fait partie intégrante de ma vie et de mon héritage. Le succès m'accompagne quotidiennement, en constante progression.

Je m'affranchis.
J'apprécie prendre soin de moi.
Chaque jour, mon esprit et mon corps se revitalisent.
Je ressens un bien-être parfait.

Ayez confiance en vous

Aujourd'hui, ayez confiance en vous. Cultivez des sentiments et des pensées positives à votre propre égard. Pour cette journée, décidez de transformer ce monologue intérieur qui tourne en boucle. Remplacez-le par des affirmations telles que : je mérite… Je m'aime, je suis une personne admirable, je mérite le bonheur, j'attire l'abondance, l'amour. Je suis compétent(e), je suis apprécié(e), je suis aimé(e). Autant d'affirmations positives qui vous correspondent, mais que vous ne vous dites peut-être pas assez. Plus vous aurez confiance en vous, plus votre vie changera, vous réaliserez vos désirs et vous ne serez plus dans l'expectative.

Apprendre quelque chose de nouveau

Acquérir de nouvelles connaissances implique de sortir de sa zone de confort, de se montrer ouvert à la nouveauté et de se révéler à soi-même. C'est l'occasion de découvrir en vous des talents qui sommeillaient. Osez vous aventurer vers l'inconnu, osez ce qui vous semble peut-être impossible. Libérez-vous.

Préservez votre précieuse énergie.
Vous avez le pouvoir de diriger votre propre vie.
Il est impossible de plaire à tout le monde.
Nul ne vous connaît mieux que vous-même.
Apprenez à vous faire confiance.

L'écoute active

Cultivez l'écoute de vous-même.
Laissez vos émotions vous orienter.
Évadez-vous du déni.
Ne vous racontez plus de mensonges.
Vos émotions ne trompent pas.

Des mots sur des maux

Exprimez vos maux par des mots.
Décrivez vos entraves, vos peines.
Détectez l'origine du ou des problèmes.
Un mal à la fois.

L'estime de soi

Chaque jour, nous devrions recevoir une sincère estime et approbation de la part des autres, mais il est important de se rappeler que nous ne pouvons pas contrôler le jugement des autres à notre égard. L'estime la plus cruciale pour progresser dans la vie est celle que l'on cultive envers soi.

Le contrôle

Il n'est pas nécessaire de tout contrôler ni d'avoir une certitude absolue. Le monde est complexe, imprévisible, en constante évolution et parfois insondable. Pourtant, il offre une multitude d'opportunités que nous avons la possibilité de saisir.

Nos comportements

Un lien subsiste entre nos pensées, nos émotions et nos comportements. Nos réactions peuvent parfois être inappropriées pour une situation donnée, non pas innées, mais apprises au fil du temps. Et si nous avons appris, nous avons également la capacité d'apprendre de nouvelles manières ou de désapprendre celles qui ne nous servent plus.

Se faire confiance

Restez attentif.
Faites preuve de gratitude.
Communiquez avec calme et honnêteté.
Exprimez vos compliments envers votre partenaire.
Soyez conscient de vos actes.
Cultivez l'indépendance sans excès.
Ne cherchez pas systématiquement l'approbation des autres.
Écoutez toujours votre cœur.
Aimez sans attendre en retour.
Permettez à votre partenaire de s'épanouir selon ses désirs.

Le choix d'heureux (e)

Vous avez le droit de décider si vous voulez être victimes d'événements, des personnes négatives, ou si vous avez envie d'être heureux (e).

Vous avez le droit d'être heureux(e) si vous vous l'autorisez.

Peu importe la situation, acceptez-la, ne la ruminez pas.

Faites le choix d'être bien et de changer ce qui ne fonctionne pas pour vous.

Je suis ravie d'avoir partagé un aperçu de ma vie avec vous, ainsi que mes expériences et les connaissances que j'ai transmises à travers ces pages. Peut-être nous retrouverons-nous dans une exploration de l'amour. Sujet très prisé à ce jour et depuis toujours, mais tellement délicat.

Je vous remercie d'avoir pris le temps de me lire. Je vous souhaite une belle continuation et une évolution épanouissante, afin d'aller toujours vers le meilleur.

Amitié,

Carole

Imprimé en Allemagne
Achevé d'imprimer en novembre 2023
Dépôt légal : novembre 2023

Pour

Le Lys Bleu Éditions
40, rue du Louvre
75001 Paris

www.ingramcontent.com/pod-product-compliance
Lightning Source LLC
Chambersburg PA
CBHW062344010826
49168CB00024B/247
9791042214999